A2.1

Anna Breitsameter
Sabine Glas-Peters
Angela Pude

# MENSCHEN

Deutsch als Fremdsprache
Arbeitsbuch

Hueber Verlag

**Literaturseiten:**
Nur wir fünf: Urs Luger, Wien

Augmented Reality-App zu *Menschen*
bei Google Play und im App Store.



7. 6. 5. | Die letzten Ziffern
2023 22 21 20 19 | bezeichnen Zahl und Jahr des Druckes.
Alle Drucke dieser Auflage können, da unverändert, nebeneinander benutzt werden.
1. Auflage

Umschlaggestaltung: Sieveking · Agentur für Kommunikation, München
Layout und Satz: Sieveking · Agentur für Kommunikation, München
Verlagsredaktion: Jutta Orth-Chambah, Marion Kerner, Nikolin Weindel, Hueber Verlag, München
Druck und Bindung: Westermann Druck GmbH, Braunschweig
Printed in Germany
ISBN 978-3-19-311902-5

Art. 530_07822_001_05

# VORWORT

Das Arbeitsbuch *Menschen* dient dem selbstständigen Üben und Vertiefen des Lernstoffs im Kursbuch.

**Aufbau einer Lektion:**

**Basistraining:** Vertiefen und Üben von Grammatik, Wortschatz und Redemitteln. Es gibt eine Vielfalt von Übungstypologien, u.a. Aufgaben zur Mehrsprachigkeit (Bewusstmachen von Gemeinsamkeiten und Unterschieden zum Englischen und/oder anderen Sprachen) und Aufgaben füreinander (gegenseitiges Erstellen von Aufgaben für die Lernpartnerin / den Lernpartner).

**Training Hören, Lesen, Sprechen und Schreiben:** Gezieltes Fertigkeitentraining, das unterschiedliche authentische Textsorten und Realien sowie interessante Schreib- und Sprechanlässe umfasst. Diese Abschnitte bereiten gezielt auf die Prüfungen vor und beinhalten Lernstrategien und Lerntipps.

**Training Aussprache:** Systematisches Üben von Satzintonation, Satzakzent und Wortakzent sowie Einzellauttraining.

**Test**: Möglichkeit für den Lerner, den gelernten Stoff zu testen. Der Selbsttest besteht immer aus den drei Kategorien *Wörter, Strukturen und Kommunikation.*
Je nach Testergebnis stehen im Internet unter *www.hueber.de/menschen* vertiefende Übungen in drei verschiedenen Schwierigkeitsgraden zur Verfügung.

**Lernwortschatz:** Der aktiv zu lernende Wortschatz mit Angaben zum Sprachgebrauch in der Schweiz (CH) und in Österreich (A) sowie Tipps zum Vokabellernen.

**Modulseiten:**
Weitere Aufgaben, die den Stoff des Moduls nochmals aufgreifen und kombiniert üben.

**Wiederholungsstation Wortschatz/Grammatik** bietet Wiederholungsübungen zum gesamten Modul.

**Selbsteinschätzung:** Mit der Möglichkeit, den Kenntnisstand selbst zu beurteilen.

**Rückblick:** Abrundende Aufgaben zu jeder Kursbuchlektion, die den Stoff einer Lektion noch einmal in zwei unterschiedlichen Schwierigkeitsstufen zusammenfassen.

**Literatur:** In unterhaltsamen Episoden wird eine Fortsetzungsgeschichte erzählt.

**Piktogramme und Symbole**

Hörtext auf CD ▶ 1 02

Kursbuchverweis KB 3

Aufgaben zur Mehrsprachigkeit

Aufgaben füreinander

Lernstrategien und Lerntipps — TIPP: Notieren Sie Gegensätze.

Regelkasten für Phonetik — REGEL: Am Wort- und Silbenanfang spricht man „sch" und schreibt ________.

Vertiefende Aufgabe

Erweiternde Aufgabe

Übungen in drei Schwierigkeitsgraden zu den Selbsttests und die Lösungen zu allen Aufgaben im Arbeitsbuch finden Sie im Internet unter *www.hueber.de/menschen.*

# INHALT

# Mein Opa war auch schon Bäcker.

KB 3 WÖRTER

## 1 Wer ist das? Ordnen Sie zu.

Cousine | Nichte | ~~Tante~~ | Schwiegermutter | Schwiegertochter

a Die Schwester von meinem Vater ist meine Tante.
b Die Tochter von meiner Schwester ist meine ______________.
c Die Tochter von meiner Tante ist meine ______________.
d Die Mutter von meiner Frau ist meine ______________.
e Die Frau von meinem Sohn ist meine ______________.

KB 3

## 2 Schreiben Sie eigene Sätze wie in 1 und tauschen Sie mit Ihrer Partnerin / Ihrem Partner. Ihre Partnerin / Ihr Partner ergänzt.

KB 3 WÖRTER

## 3 Ergänzen Sie wie im Beispiel und vergleichen Sie.

| Deutsch | Englisch | Meine Sprache oder andere Sprachen |
|---|---|---|
| Tante – Onkel | uncle | |
| Cousine – | cousin | |
| Nichte – | nephew | |
| Schwiegermutter – | father in law | |

KB 3 STRUKTUREN

## 4 Possessivartikel im Nominativ

**a Ordnen Sie zu.** unser | ~~Ihre~~ | eure | ihr | Ihr

1 Sind das Ihre Schlüssel, Herr Wyss?
2 Wow. Habt ihr ein neues Auto? – Nein, das ist nicht ______________ Auto.
3 Sind das ______________ Fahrräder?
4 Ist das ______________ Hund? – Nein, das ist ______________ Hund.

STRUKTUREN ENTDECKEN

**b Ergänzen Sie die Possessivartikel aus a und die fehlenden Formen in der Tabelle.**

| | • der Neffe | • das Enkelkind | • die Nichte | die Schwiegereltern |
|---|---|---|---|---|
| ich | mein | mein | meine | meine |
| du | dein | | deine | |
| er | | | | |
| sie | | | | |
| wir | | | | |
| ihr | | | | |
| sie | | | | |
| Sie | | | | Ihre |

# BASISTRAINING

KB 3 **5** STRUKTUREN ENTDECKEN

## Markieren Sie die Possessivartikel im Akkusativ und die Possessivartikel im Dativ. Ergänzen Sie dann die Tabelle.

Viele Grüße aus Waterville. Fast hätten wir unseren Flug (a) nicht mehr bekommen. Doch wir hatten Glück: das Flugzeug war nicht pünktlich. Nur mit unseren Koffern (b) hatten wir Pech. Die sind leider nicht in Cork angekommen. Wir haben lange auf unser Gepäck (c) gewartet. Dann hat man uns am Flughafen gesagt: „Wir schicken Ihnen das Gepäck nach." Erst spät abends waren wir in unserem Hotel (d). Nach zwei Tagen haben wir unsere Koffer (e) und unsere Tasche (f) endlich bekommen und wir waren glücklich: „Nun fangen die Ferien richtig an."

| | Akkusativ | Dativ |
|---|---|---|
| ● | unseren | unserem |
| ● | | |
| ● | | unserer |
| ● | | |

KB 3 **6** STRUKTUREN

## Was ist richtig? Kreuzen Sie an.

a ■ Was willst du werden?
▲ Vielleicht Bäcker, genau wie ⊗ mein ○ meine ○ meinem Vater und ○ mein ○ meine ○ meinen Brüder.

b ■ Was ist denn ○ unser ○ euer ○ eure Vater von Beruf?
▲ ○ Unser ○ Euer ○ Sein Vater ist Schauspieler.
■ Schauspieler! Möchtet ihr auch Schauspieler werden?
▲ Nein, ich finde ○ sein ○ ihren ○ seinen Beruf langweilig. Man muss immer so viele Texte lernen.
■ Ja, das stimmt. Aber ○ unser ○ unsere ○ unserer Tante ist Tänzerin. ○ Ihr ○ Sein ○ Ihren Beruf finde ich toll.

c In unserer Familie gibt es viele Ärzte. Mein Opa und mein Vater finden ○ ihren ○ ihr ○ unseren Beruf toll. Meine Schwester hat auch Medizin studiert, doch am Anfang war es nicht einfach für sie. Aber ○ ihr ○ ihre ○ ihren Studium hat ihr am Ende gut gefallen. Und mit ○ ihrem ○ seinem ○ ihren Job ist sie nun sehr zufrieden.

KB 5 **7** WIEDERHOLUNG STRUKTUREN

## Ergänzen Sie in der richtigen Form.

a Meine Schwester und ich haben als Kinder viel gestritten (streiten).
b Es gab ein Unwetter, aber wir ________ Glück (haben). Es ________ nichts ________ (passieren).
c Ich ________ dich ________ (rufen), aber du ________ mich leider nicht ________ (hören).
d Jan ________ mir ________ (sagen), Alina ________ ihre Prüfung ________ (bestehen).
e Letzte Woche ________ wir Xaver und Michelle ________ (besuchen). Sie ________ ________ (umziehen).

# BASISTRAINING

KB 6 **8** **Umfrage: Was habt ihr als Kinder oder Jugendliche am liebsten gemacht?**

WÖRTER

**a** **Ordnen Sie zu.**

Bäume | ~~Geschichten~~ | draußen | Fußballbilder | Hobby | Mannschaft | Puppen | Sachen | Witze

1 Ich habe meiner Schwester immer *Geschichten* erzählt. Am liebsten über Könige und Prinzessinnen. Sie hat immer total gern zugehört.
2 Früher habe ich fast jeden Tag mit dem Nachbarjungen gespielt. Der hatte viele gute Ideen, war lustig und hat oft ____________ erzählt.
3 Ich war am liebsten draußen im Wald und bin auf ____________ geklettert. Zum Glück ist nie etwas passiert. Manchmal habe ich auch mit meinen Freundinnen ____________ übernachtet. Dann haben wir aber nicht so viel geschlafen.
4 Ich hatte nur ein ____________: Fußball. Ich habe in einer ____________ gespielt. Da hatten wir am Wochenende oft Spiele. Und zur WM und EM haben wir natürlich immer ____________ gesammelt.
5 Als Kind habe ich gern mit ____________ gespielt. Und ich war gern auf dem Flohmarkt und habe ____________ verkauft.

WIEDERHOLUNG STRUKTUREN

**b** **Markieren Sie die Verben im Perfekt in a und ergänzen Sie die Tabelle.**

| **Typ**<br>*machen – gemacht*<br>*fahren – gefahren* | **Typ**<br>*anmachen – angemacht* | **Typ**<br>*telefonieren – telefoniert* | **Typ**<br>*erkennen – erkannt* |
|---|---|---|---|
| | | | *übernachten – übernachtet* |

KB 8 **9** **Sortieren Sie.**

KOMMUNIKATION

① Kolja, habe ich dir schon von meinem Cousin Fridolin erzählt? Also pass auf:

◯ Und weißt du, was dann passiert ist? Eines Morgens hat er allen erzählt: Ich verkaufe das Geschäft. Er hat aber nicht sofort einen Käufer gefunden.

◯ Zum Schluss hat er das Geschäft einfach geschlossen, ein paar Sachen gepackt und ist nach Alaska geflogen. Heute lebt er dort allein in den Wäldern und ist glücklich.

◯ Nach der Schule hat er zuerst eine Ausbildung als Friseur gemacht. Er war immer fleißig und hat schon mit 19 Jahren einen eigenen Friseursalon aufgemacht. Er hat viel Geld verdient und sein Geschäft ist schnell gewachsen.

KB 8 **10** **„Ihre" Tante Martha. Machen Sie Notizen und erzählen Sie zu zweit eine Geschichte.**

*1: früh heiraten, 18 Jahre*
*2: zwei Kinder bekommen*
*…*

# TRAINING: SCHREIBEN

## 1 Eine E-Mail beantworten

**a** **Lesen Sie Peters E-Mail an seinen Cousin und markieren Sie die Satzanfänge.**

Lieber Luis,
wie geht´s Dir? Ich bin zum Glück wieder gesund. Letzte Woche habe ich alte Fotos von unserem Großvater gefunden. Leider habe ich ihn nicht gut gekannt. Früher hast Du ihn doch als Kind oft besucht. Oder? Kannst Du mir ein bisschen von ihm erzählen? Das würde mich sehr interessieren.
Viele Grüße
Peter

**b** **Schreiben Sie eine E-Mail an Peter.**

- Schreiben Sie im Perfekt: Was hat der Großvater gemacht?
- Beginnen Sie die Sätze mit dem markierten Satzteil.
- Vergessen Sie die Anrede am Anfang und den Gruß am Ende nicht.

TIPP: Beginnen Sie nicht jeden Satz mit „Er/Sie …“. Variieren Sie die Satzanfänge. Beginnen Sie die Sätze zum Beispiel mit „Im Winter …“ oder „Früher …“.

unser Opa immer Witze erzählen – wir im Winter zusammen oft Spiele spielen – als junger Mann: er mit dem Fahrrad bis nach Afrika fahren – er früher viel reisen – er mit 60 Jahren noch klettern – er uns Kinder oft in die Berge mitnehmen – er auch sehr gut zeichnen

____________ Peter,
danke für Deine E-Mail. Zum Glück bist Du wieder gesund. Mir geht es auch gut.
Du möchtest mehr von unserem Opa wissen. Also: ____________
____________
Und weißt Du, was er als junger Mann gemacht hat? ____________
____________
____________
____________
Ich habe noch ein Bild von ihm. Das muss ich Dir unbedingt mal zeigen.
Unser Opa war schon lustig. Besuch mich doch mal.
____________

# TRAINING: AUSSPRACHE *lange und kurze Vokale*

▶ 1 02

## 1 Hören Sie und markieren Sie den Wortakzent: lang (_) oder kurz (.)

e: Neffe – Brezel
o: Opa – Onkel
ö: Söhne – Töchter
u: Puppe – Bruder
ü: Brüder – Mütter

## 2 Kreuzen Sie an.

REGEL: **Vokale klingen**
◯ gleich. (Opa = Onkel)
◯ nicht gleich. (Opa ≠ Onkel)

▶ 1 03

## 3 Hören Sie und sprechen Sie nach.

a der Bäcker – die Brezel – Der Bäcker backt Brezeln.
b Jugendliche – die Puppe – Jugendliche spielen nicht mit Puppen.
c Brüder – verrückt – Meine fünf Brüder sind verrückt.
d der Onkel – komisch – Dein Onkel ist aber komisch!
e Töchter – Söhne – Meine Großeltern hatten sechs Töchter und zehn Söhne.

# TEST

## 1 Familie. Ergänzen Sie.

WÖRTER

a Cousin und Cousine
b __________ und Nichte
c __________ und Tante
d Schwiegervater und __________

_/ 3 PUNKTE

## 2 Ordnen Sie zu.

gezeichnet | gespielt | gestritten | ~~geklettert~~ | erzählt

WÖRTER

■ Elena, wie war denn deine Geburtstagsparty?
▲ Nicht so toll! Ich habe Amelie und Theresa eingeladen. Wir waren bei meinen Großeltern, ihr Garten ist sehr groß. Am Anfang war es sehr lustig. Wir sind auf Bäume geklettert (a) und haben dort oben Witze __________ (b). Dann aber haben Amelie und Theresa __________ (c) und Amelie ist nach Hause gegangen. Theresa und ich haben zuerst eigene Comics __________ (d) und dann ein paar Computerspiele __________ (e).

_/ 4 PUNKTE

## 3 Ergänzen Sie das Perfekt oder das Präteritum in der richtigen Form.

STRUKTUREN

■ Amelie, was ist los?
▲ Ach, ich (a) war (sein) heute mit Theresa bei Elena. Sie hat ihren Geburtstag (b) __________ (feiern). Zuerst haben wir Kuchen (c) __________ (essen) und viel (d) __________ (lachen). Dann hat Theresa lange mit Hannes (e) __________ (telefonieren). Danach (f) __________ (haben) sie schlechte Laune. Das habe ich nicht (g) __________ (verstehen) und wir haben gestritten. Am Ende (h) __________ (haben) ich keine Lust mehr und bin nach Hause.

_/ 7 PUNKTE

## 4 Ergänzen Sie die Possessivartikel.

STRUKTUREN

a Amelie und Theresa, was sind eure Lieblingswitze?
b Wir können gut zeichnen. __________ Comics sind super.
c Oh, Melanie hat etwas vergessen, __________ Puppen und Bücher liegen noch hier.
d Herr Kuhnert, Ihr Garten und __________ Blumen sind wunderschön.

_/ 3 PUNKTE

## 5 Ordnen Sie zu.

KOMMUNIKATION

Später bin | Habe ich | Sie war | Dann habe | Und wisst | Also passt | Ich hatte

__________ (a) euch schon von früher erzählt? __________ (b) auf: Meine Mutter hat immer gesagt, ich soll Lehrerin werden. __________ (c) Lehrerin und mein Großvater war auch Lehrer. __________ (d) aber keine Lust, das war nichts für mich. __________ (e) ich studiert und als Journalistin gearbeitet. __________ (f) ihr, was dann passiert ist? __________ (g) ich noch einmal zur Uni gegangen – und jetzt bin ich auch Lehrerin!

_/ 7 PUNKTE

| Wörter | | Strukturen | | Kommunikation | |
|---|---|---|---|---|---|
| ● | 0–3 Punkte | ● | 0–5 Punkte | ● | 0–3 Punkte |
| ● | 4–5 Punkte | ● | 6–7 Punkte | ● | 4–5 Punkte |
| ● | 6–7 Punkte | ● | 8–10 Punkte | ● | 6–7 Punkte |

www.hueber.de/menschen

# LERNWORTSCHATZ

## 1 Wie heißen die Wörter in Ihrer Sprache? Übersetzen Sie.

**Familie**
Cousin der, -s ______
Cousine die, -n ______
Neffe der, -n ______
Nichte die, -n ______
Onkel der, - ______
Tante die, -n ______
Schwieger- (Schwiegervater/-mutter/-sohn/-tochter) ______

**Kindheit und Jugend**
Geschichte die, -n ______
Jugendliche der/die, -n ______
Puppe die, -n ______
Sache die, -n ______
Spiel das, -e ______
Witz der, -e ______

klettern, ist geklettert ______
sammeln, hat gesammelt ______
streiten, hat gestritten ______
übernachten, hat übernachtet ______
verkaufen, hat verkauft ______
zeichnen, hat gezeichnet ______

verrückt ______
früher ______

**Weitere wichtige Wörter**
Anfang der, ⸚e ______
am Anfang ______
Ende das, -n ______
am Ende ______
Mannschaft die, -en ______
Pfeffer der ______
Punkt der, -e ______
Satz der, ⸚e ______
Schluss der ______
Studium das ______
Zigarette die, -n ______

auf·machen, hat aufgemacht ______
auf·passen, hat aufgepasst ______
klappen, hat geklappt ______
passieren, ist passiert ______
rufen, hat gerufen ______
wachsen, du wächst, er wächst, ist gewachsen ______

einfach ______
fleißig ______
geschlossen ______
kompliziert ______

zuerst ______
zum Schluss ______

TIPP
Lernen Sie Wortpaare (feminin und maskulin).

die Nichte – der Neffe

## 2 Welche Wörter möchten Sie noch lernen? Notieren Sie.

______
______
______

# Wohin mit der Kommode?

KB 3 **1** **Welches Verb passt? Kreuzen Sie an.**

WÖRTER

| | liegt | sitzt | steht | hängt | versteckt | |
|---|---|---|---|---|---|---|
| a Lara | ○ | ☒ | ○ | ○ | ○ | im Auto immer vorn. |
| b Das Sofa | ○ | ○ | ○ | ○ | ○ | vor der Heizung. |
| c Die Mutter | ○ | ○ | ○ | ○ | ○ | das Geschenk unter dem Bett. |
| d Die Lampe | ○ | ○ | ○ | ○ | ○ | über dem Tisch. |
| e Das Kissen | ○ | ○ | ○ | ○ | ○ | auf dem Stuhl. |

KB 3 **2** **Mein Zimmer. Ordnen Sie zu und ergänzen Sie den Artikel.**

WIEDERHOLUNG STRUKTUREN

in | in | an | auf | auf | über | vor | ~~zwischen~~ | neben

a Mein Tisch steht *zwischen der* • Tür und *dem* • Fenster.
b Rechts *an der* _____ • Wand hängt ein Kalender.
c *Über* *dem* • Tisch hängt ein Bild.
d Der Laptop steht *auf* *dem* • Tisch.
e *In dem = Im* • Zimmer gibt es auch ein Sofa.
f *Auf* *dem* • Sofa liegt ein Kissen.
g Rechts *neben* *dem* • Sofa steht ein Schrank.
h *Vor* *dem* • Sofa liegt ein Teppich.
i Rechts *an der / in der* • Ecke steht ein Fernsehgerät.

KB 5 **3** **Lösen Sie das Rätsel.**

WÖRTER

| | | | ↓ | | | | | | | | | | | |
|---|---|---|---|---|---|---|---|---|---|---|---|---|---|---|
| | | 1 | S | | | | | | | | | | | H |
| | 2 | V | | | | | | G | | | | | | |
| 3 | R | | | M | | | | | | | | | | |
| | | | V | | | | | | | | | | | |
| | 4 | H | | | T | | | | | | | | | |
| 5 | D | | | | | L | | | | | | | | |
| | 6 | D | | | | E | | | | | | | | |
| | | 7 | R | | | | L | | | | | | | |

Waagerecht →
1 Auf diesem Möbelstück stehen oft ein Computer und ein Telefon. Es steht oft im Büro.
2 Das hängt am Fenster.
3 Zimmer = …
4 Es ist aus Papier. Man braucht es zum Beispiel für die Hausaufgaben.
5 hell ↔ …
6 Sachen = …
7 In diesem Möbelstück stehen oft Bücher.

Senkrecht ↓:
Das bringt man aus dem Urlaub mit: _______________

KB 5 **4 Wohin?**

Strukturen entdecken

**a Ordnen Sie zu und ergänzen Sie in der richtigen Form.**

stellen | ~~legen~~ | legen | hängen

1 Ich lege die Zeitung auf die Couch.
2 Wir ______ das Geschirr in die Küchenschränke.
3 ______ du bitte den Bleistift neben das Papier?
4 Julia ______ die Lampe über den Tisch.

**b Ergänzen Sie aus a.**

| | **Wohin ?** |
|---|---|
| ● der | |
| ● das | |
| ● die | auf die Couch |
| ● die | |

KB 5 **5 Ergänzen Sie die Präpositionen und die Artikel.**

Strukturen

a Leg doch bitte das Kissen auf die Couch ______ ______ anderen Kissen.
b Soll ich die Zeitungen ______ ______ Fernsehgerät legen?
c Kannst du die Hausschuhe ______ ______ Bett stellen?
d Ich stelle die Blumen ______ Fenster.
e Hier liegt ja immer noch das Bild von Tante Erika. Warum hängen wir es nicht ______ ______ Schreibtisch?
f Den Müll können wir erst mal ______ ______ Tür stellen.
g Stell den Koffer bitte ______ ______ Schrank.
h Die Handtücher kannst du ______ Bad hängen.

KB 5 **6 Im Möbelhaus. Ergänzen Sie die Verben und die Artikel in der richtigen Form.**

Strukturen

stellen | stehen | ~~hängen~~ | hängen | liegen | legen

a ■ Das ist doch ein tolles Bild. Das können wir über das Sofa hängen.
▲ Aber bei uns ______ doch schon so viele Bilder über d______ Sofa.

b ■ Der Teppich ist schön und nicht mal teuer. Den ______ wir in______ Schlafzimmer.
▲ Aber vor d______ Bett ______ doch schon ein Teppich.

c ■ Da ______ eine Kommode zwischen zwei Fenstern. Das sieht gut aus.
▲ Ja, hier schon. Aber in unser______ Wohnung können wir diese Kommode nicht zwischen d______ Fenster ______. Sie ist viel zu groß.

KB 6

## 7 Wo steht/liegt/hängt ...? Wohin stellen/legen/hängen ...?

**Machen Sie fünf Kärtchen mit *Wo?* oder *Wohin?* und Dingen. Legen Sie die Kärtchen auf einen Stapel. Ziehen Sie ein Kärtchen und fragen Sie. Ihre Partnerin / Ihr Partner antwortet.**

Wohin? Spiegel

Wo? Vorhang

▲ Wohin soll ich den Spiegel hängen?
■ Häng ihn in den Flur.
■ Wo hängt der Vorhang?
▲ ...

KB 7

KOMMUNIKATION

## 8 In der neuen Wohnung. Ergänzen Sie die Tipps.

■ Stell lieber nicht zu viele Möbel in das Zimmer. Sonst... ______________________________ .
(lieber nicht zu viele Möbel in das Zimmer stellen / sonst Raum noch kleiner werden)

■ ______________________________ .
(einen Spiegel an Wand hängen / dann Raum größer aussehen)

■ ______________________________ .
(vorsichtig sein mit dunklen Möbeln)

KB 8

▶ 1 04-06

HÖREN

## 9 Nachrichten auf dem Anrufbeantworter

**a Hören Sie. Was passt zu wem? Kreuzen Sie an.**

| Maria | Peter | Tina | |
|---|---|---|---|
| ○ | ○ | ○ | will ein Regal kaufen. |
| ○ | ○ | ○ | hat sein/ihr Handy vergessen. |
| ○ | ○ | ○ | will bald umziehen. |

**b Hören Sie noch einmal. Was soll der Freund/Kollege tun? Kreuzen Sie an.**

Anrufe 1:
Lars soll Maria helfen und Werkzeug mitbringen. Maria will am Wochenende
○ anrufen. ○ renovieren. ○ umziehen.

Anruf 2:
Der Freund soll ○ das Handy auf dem Regal in der Ecke suchen. ○ das Handy in den Flur legen. ○ morgen anrufen.

Anruf 3:
Tina meint ○ das Regal neben der Treppe. ○ das Regal hinten in der Ecke.
○ das Regal vor den Sofas.

## TRAINING: LESEN

2

### 1 Im Baumarkt

**Lesen Sie die Aufgaben und die Infotafel. Sie suchen etwas. Wo finden Sie das? Kreuzen Sie an.**

1 Ihr Wohnzimmer ist zu dunkel. Sie möchten eine andere Farbe für die Wände.
- (a) ☒ Erdgeschoss: Bauen und Renovieren
- (b) 1. Stock: Haus und Wohnen
- (c) 2. Stock: Dekoration

2 Sie möchten einen Herd kaufen. Wohin gehen Sie?
- (a) Untergeschoss: Werkzeug und Maschinen
- (b) Erdgeschoss: Bauen und Renovieren
- (c) 1. Stock: Haus und Wohnen

3 Ihre Wohnung soll schöner und gemütlicher werden. Sie möchten ein paar Dinge kaufen.
- (a) Erdgeschoss: Bauen und Renovieren
- (b) 1. Stock: Haus und Wohnen
- (c) 2. Stock: Dekoration

4 Sie haben zu wenig Licht an Ihrem Schreibtisch.
- (a) 1. Stock: Haus und Wohnen
- (b) 2. Stock: Dekoration
- (c) 2. Stock: Angebote

INFO

UNTERGESCHOSS

**Werkzeug & Maschinen**

ERDGESCHOSS

**Garten:** Gartengeräte, Gartenmöbel, Grills, Schwimmbäder, Balkon & Terrasse

**Bauen und Renovieren:** Wand, Boden, Fenster, Türen, Treppe

1. STOCK

**Haus und Wohnen:** Küche, Haushaltsgeräte, Möbel, Lampen & Leuchten, Ordnung & Aufbewahren

2. STOCK

**Dekoration:** Kissen, Vorhänge, Spiegel, Teppiche

**Angebote**

**Information & Service**

TIPP

Sie verstehen nicht alle Wörter? Das ist kein Problem. Sie kennen zum Beispiel „Dekoration" nicht. Der Kontext „Kissen, Vorhänge, Spiegel, Teppiche" hilft.

## TRAINING: AUSSPRACHE *der Laut „r"*

AUSSPRACHE – AUSSPRACHE r

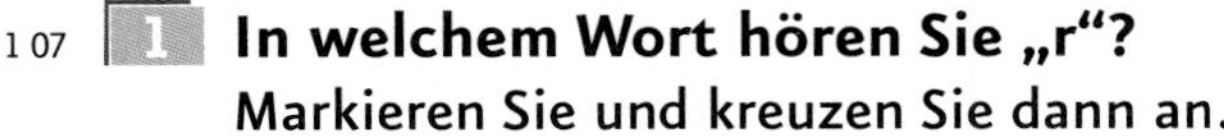

▶1 07 **1 In welchem Wort hören Sie „r"? Markieren Sie und kreuzen Sie dann an.**

a unter den Schrank
b hinter das Regal
c über das Gerät
d vor den Raum

REGEL

Am Wort- und Silbenanfang und in Silben
- ○ hört und spricht man „r".
- ○ hört und spricht man „r" nicht.

Am Wort- und Silbenende
- ○ hört und spricht man „r".
- ○ hört und spricht man „r" nicht.

▶1 08 **Hören Sie noch einmal und sprechen Sie nach.**

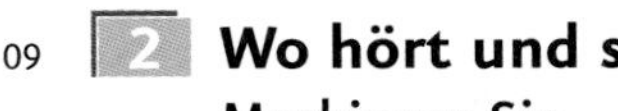

▶1 09 **2 Wo hört und spricht man „r"? Markieren Sie.**

Rüdiger und Rita
Rüdiger und Rita renovieren.
Sie diskutieren:
Welche Farbe an die Wand?
Rot? Grün? Braun? Orange?
Ach, Rita! Nimm du das in die Hand!

**Hören Sie und sprechen Sie dann.**

# TEST

Wörter

## 1 Markieren Sie und ordnen Sie zu.

KSOUVENIROFFASKKISSENUNKDOPFERVORHANGIMKILÖREGALDOKYHERDABURSPIEGEL MUSLAWWERKZEUGTUREWOSCHREIBTISCHAWURTOZ

a Hier kann man arbeiten: Schreibtisch
b Sie liegen auf dem Sofa: ______________
c Dort kann ich mich sehen: ______________
d Das bringt man aus dem Urlaub mit: ______________
e Das hängt vor dem Fenster: ______________
f Hier kann man kochen: ______________
g Hier stehen viele Bücher: ______________
h Das braucht man zum Reparieren: ______________

_ / 7 Punkte

Strukturen

## 2 Herrn Fischers Büro. Was ist richtig? Kreuzen Sie an.

Herr Fischer ☒ legt ○ liegt (a) seine Tasche in ☒ die ○ der (b) Ecke.
Er ○ stellt ○ steht (c) seinen Kaffee auf ○ den ○ dem (d) Schreibtisch.
Der neue Computer ○ steht ○ stellt (e) auch auf ○ dem ○ der (f) Schreibtisch. Die Rechnungen ○ liegen ○ legen (g) neben ○ dem ○ den (h) Drucker.
Herr Fischer ○ stellt ○ steht (i) seine Bücher ○ ins ○ in dem (j) Regal.

_ / 8 Punkte

Kommunikation

## 3 Was schreibt LUCKYGIRLY? Ordnen Sie zu.

der Raum zu unordentlich | einen Teppich | einen Spiegel an die Wand | viele Bücher | eine Lampe auf den Tisch | helle Kissen auf das Sofa

**Alesseij312:** Hilfe! Mein Wohnzimmer ist so ungemütlich. Es ist sehr dunkel. Mein Sofa ist schwarz und das Regal ist braun. Leider habe ich nicht viel Geld. Wer hat Tipps für mich?

LUCKYGIRLY: Das ist nicht so schwer – auch mit wenig Geld! Du brauchst Licht und Farbe! Stell ______________ (a). Das Licht ist dann wärmer als direktes Deckenlicht. Leg ______________ (b), gut sind rote oder gelbe Kissen. Häng ______________ (c), er macht den Raum größer und heller. Und ganz wichtig: Stell ______________ (d) ins Regal. Aber pass auf mit zu vielen Souvenirs, sonst wird ______________ (e). Leg auch ______________ (f) auf den Boden. Ich bin sicher, es sieht nun viel gemütlicher aus.

_ / 6 Punkte

| Wörter | | Strukturen | | Kommunikation | |
|---|---|---|---|---|---|
| ● | 0–3 Punkte | ● | 0–4 Punkte | ● | 0–3 Punkte |
| ● | 4–5 Punkte | ● | 5–6 Punkte | ● | 4 Punkte |
| ● | 6–7 Punkte | ● | 7–8 Punkte | ● | 5–6 Punkte |

www.hueber.de/menschen

# LERNWORTSCHATZ

## 1 Wie heißen die Wörter in Ihrer Sprache? Übersetzen Sie.

**Einrichtung und Umzug**

Ding das, -e
Ecke die, -n
in der Ecke
Fernsehgerät das, -e
A/CH: Fernseher der, -
Gegenstand der, ¨-e
Herd der, -e
Kissen das, -
A: Polster der,-
Raum der, ¨-e
Regal das, -e
Schreibtisch der, -e
CH: auch: das Pult, -e
Spiegel der, -
Tür die, -en
Vorhang der, ¨-e
Wand die, ¨-e
Werkzeug das, -e

einrichten, hat eingerichtet
hängen, hat gehängt / hat gehangen
A: ist gehangen
CH: ist gehängt
legen, hat gelegt
liegen, hat gelegen
A/CH: ist gelegen

renovieren, hat renoviert
stehen, hat gestanden
A/CH: ist gestanden
stellen, hat gestellt

dunkel
hell

**Weitere wichtige Wörter**

Heft das, -e
Souvenir das, -s

diskutieren, hat diskutiert
verstecken, hat versteckt

schwer
vorsichtig
vorsichtig sein mit

sonst

Im Zimmer: die Blume, der Spiegel, der Vorhang

Geräte: der Herd, der Kühlschrank, das Fernsehgerät

TIPP
Notieren Sie Wörter in Gruppen. Ergänzen Sie immer wieder.

## 2 Welche Wörter möchten Sie noch lernen? Notieren Sie.

# Hier finden Sie Ruhe und Erholung.

KB 3 **1 Nomen mit *-ung***

Strukturen

**a Bilden Sie Nomen.** ~~wandern~~ | erfahren | anstrengen | beraten | anmelden | erholen

*die Wanderung,* ____________________

**b Ordnen Sie die Wörter aus a zu.**

1 Ich habe zurzeit in der Arbeit viel Stress. Zur *Erholung* möchte ich nächstes Wochenende in ein Wellness-Hotel fahren.
2 Ich war im Reisebüro. Aber ich habe fast keine Informationen bekommen. Die __________ dort war wirklich nicht gut.
3 Jo arbeitet schon lange als Lehrerin. Sie hat in diesem Beruf viel __________.
4 Komm, wir nehmen den Aufzug. Dann kommen wir ganz schnell und ohne __________ nach oben.
5 Heute tun mir die Füße und die Beine weh. Denn ich war am Wochenende in den Bergen und habe eine ziemlich lange __________ gemacht.
6 Hast du die __________ für den Surfkurs schon ausgefüllt?

KB 3 **2 Ergänzen Sie die Verben oder Nomen mit Artikel.**

Strukturen

| Verben | Personen (Nomen) |
|---|---|
| fahren | *der Fahrer* |
| | der Wanderer |
| | ! der Verkäufer |
| | der Berater |
| vermieten | |

KB 4 **3 Versteckte Wörter**

Wörter

**a Suchen Sie noch 12 Nomen.**

*die Wiese,*

| | A | B | C | D | E | F | G | H | I | J | K | L | M | N | O |
|---|---|---|---|---|---|---|---|---|---|---|---|---|---|---|---|
| 1 | U | U | F | I | R | D | D | W | W | P | P | H | U | N | D |
| 2 | Q | X | R | J | E | O | C | K | I | P | P | G | N | I | G |
| 3 | U | U | O | D | O | R | A | H | E | R | G | J | D | F | B |
| 4 | D | X | S | B | S | F | X | O | S | T | R | A | N | D | J |
| 5 | X | E | C | N | C | R | I | J | E | I | L | B | R | T | H |
| 6 | S | N | H | O | Q | F | E | O | Y | G | W | H | T | X | C |
| 7 | I | E | M | M | Q | D | B | A | M | E | E | N | H | F | F |
| 8 | M | B | L | U | M | E | L | Y | E | Q | F | J | B | J | K |
| 9 | M | E | K | D | H | V | C | X | T | T | B | A | U | M | X |
| 10 | K | R | J | X | K | D | U | C | N | K | H | Y | V | B | Y |
| 11 | O | G | K | F | L | U | S | S | B | A | F | E | O | V | D |
| 12 | E | Q | W | Q | X | W | B | G | Q | T | E | N | G | A | G |
| 13 | F | I | S | C | H | I | U | T | E | Z | Y | W | E | E | T |
| 14 | D | A | B | Q | A | P | Y | U | F | E | R | T | L | N | T |

**b** **Schreiben Sie die Nomen aus a mit Artikel in die Tabelle.**

| Landschaft | Pflanzen | Tiere |
|---|---|---|
| die Wiese | | |

KB 4 WÖRTER

## 4 Kleinanzeigen. Ergänzen Sie.

(a)

*Bella Italia Sie lieben Italien, seine Kultur und die Sprache? Sie wollen noch mehr über Italien lernen?*

Dann fahren Sie mit uns in die Toskana. In einer kleinen G r u p p e (max. 10 Personen) lernen Sie schnell. Der U ___ t ___ r ___ i c ___ t b e ___ i ___ ___ t um 9.00 Uhr und e ___ d ___ ___ um 13.00 Uhr.

Nachmittags b ___ ___ t e n wir interessante Ausflüge ___ n. A ___ ß ___ r ___ e ___ können Sie auch bei unserem Italienisch-Kochkurs m ___ t m___ c ___en. Termine finden Sie online.

Unser A___ g ___ b___ t im Oktober: Sprachkurs mit Übernachtung und F___ h___ t (Bus)
1 Woche nur 987,- Euro

(b)

Frau (65 Jahre) s _o _ tl _ _h und a _t _ v sucht Reisepartner / -partnerin (60 +). Reist du gern? Bist du offen für fremde K _lt_ r_ n? Zusammen können wir viel e _l e _ e _. (0 82 51/26 307 899)

(c)

Suchen Sie R___ h ___ und Erholung an der frischen ___u ___t? Bei uns finden Sie schöne Wanderwege. Toureninfos und Wander-k ___ r ___ ___ bekommen Sie bei der Touristeninfo.

(d)

S T _ P _!

HIER GIBT ES BIO-OBST UND GEMÜSE DI ___E ___ T VOM BAUERNHOF! GESUND, GÜNSTIG UND GUT.

THOMAS GRÜN | WALDSTRASSE 27

(e)

Top- ___o___ e aus Mailand, Paris und London

Unser besonderer S___ r ___ i ___ e: Ein Einkaufsberater nur für Sie!

(f)

Sie möchten mal a __d ___ ___ s Urlaub machen: Übernachten Sie im Baumhaushotel.
4 Personen schon ab 198 Euro

KB 4 ▶ 1 10-11 HÖREN

## 5 Hören Sie die Gespräche.

**a** **Was passt am besten? Kreuzen Sie an.**

Gespräch 1:
○ Wanderung in den Bergen ○ Erholung in den Bergen ○ Arbeit auf einem Bauernhof

Gespräch 2:
○ Radtour nach Italien ○ Städtereise nach Verona ○ Strandurlaub am See

**b Hören Sie die Gespräche noch einmal. Kreuzen Sie an.**

| Gespräch 1: | richtig | falsch |
|---|---|---|
| 1 Leo hat mit Tieren gearbeitet. | ○ | ○ |
| 2 Die Landschaft hat Leo nicht gefallen. | ○ | ○ |
| 3 Leo ist gewandert. | ○ | ○ |
| 4 Leo ist jeden Tag früh aufgestanden. | ○ | ○ |
| **Gespräch 2:** | | |
| 5 Eva meint, mit dem Fahrrad erlebt man alles ganz anders. | ○ | ○ |
| 6 Die Tour hat in Verona begonnen. | ○ | ○ |
| 7 Eva ist mit einer Reisegruppe gefahren. | ○ | ○ |
| 8 Eva hat mit ihren Freunden am Strand übernachtet. | ○ | ○ |

KB 6

WIEDERHOLUNG STRUKTUREN

## 6 Urlaubswünsche. Schreiben Sie die Sätze. Beginnen Sie mit dem markierten Wort.

a würden – ich – machen – gern – einen Surfkurs – .
b gern mal – du – machen – würden – Urlaub auf dem Bauernhof – ?
c buchen – Sie – welche Reise – würden – am liebsten – ?
d liegen – den ganzen Tag – ihr – würden – am liebsten – in der Sonne – .

Ich würde gern einen Surfkurs machen.

## 7 Was würden Sie gern im Urlaub machen?

**Machen Sie eine Übung wie in 6. Tauschen Sie mit Ihrer Partnerin / Ihrem Partner. Ihre Partnerin / Ihr Partner schreibt die Sätze.**

KB 6

KOMMUNIKATION

## 8 Ordnen Sie zu.

sind gerade in | liegen E-Bikes gerade im Trend | die Idee funktioniert | ich fahre lieber | ~~ich würde am liebsten~~ | gefällt mir überhaupt nicht | ich glaube schon

■ Ich habe eine Geschäftsidee: Wir bieten Stadttouren für Touristen an.
▲ Die Idee ist nicht schlecht. Aber ich würde am liebsten (a) Touren mit E-Bikes anbieten.
■ Was sind denn E-Bikes?
▲ Das sind Fahrräder mit Motor.
■ Echt? Also ______________ (b) mit einem Fahrrad ohne Motor. Die Idee mit den E-Bikes ______________ (c). Die sind doch nur für alte Leute.
▲ Das stimmt nicht. Außerdem ______________ (d).
■ Was?! Elektrofahrräder ______________ (e)? Glaubst du wirklich, ______________ (f)?
▲ Ja, ______________ (g).

# TRAINING: SPRECHEN

## 1 Ein Ausflug mit dem Deutschkurs

**a Sie wollen mit Ihrem Deutschkurs einen Ausflug machen. Auf dem Blatt stehen Ideen. Notieren Sie: Warum finden Sie eine Idee gut / Warum nicht?**

**AUSFLUG MIT DEM DEUTSCHKURS**
Was:
- wandern in den Bergen
- an einen See fahren
- in eine Stadt fahren
- eine Fahrradtour machen

nicht teuer

TIPP: Überlegen Sie vor dem Sprechen: Warum ist Ihre Idee gut? Machen Sie Notizen. Dann wird das Sprechen leichter.

**b Sprechen Sie mit Ihrer Partnerin / Ihrem Partner. Verwenden Sie Ihre Notizen aus a.**

Ich würde am liebsten einen Ausflug an einen See machen. Da kann man schwimmen und in der Sonne liegen.

Ich würde gern / am liebsten … Da kann man …
Also ich finde/denke/mag …
Mir gefällt die Idee (nicht so) gut. Denn …
Mir gefällt die Idee auch sehr gut. Aber …
Echt/Wirklich? Ich würde lieber …

Mir gefällt die Idee auch sehr gut. Aber vielleicht ist das Wetter schlecht. Was machen wir dann?

# TRAINING: AUSSPRACHE *der Nasal „ng“*

▶1 12 **1 Hören Sie und kreuzen Sie an.**

Beratung – Erfahrung – Erholung – Wanderung – Ordnung – Ausstellung

REGEL: Die Buchstabenkombination „ng“ spricht man als
○ einen Laut. ○ zwei Laute: „n“ und „g“.

▶1 13 **2 Markieren Sie „ng“. Hören Sie und sprechen Sie nach.**

a Velo-Touren zwischen Kreuzlingen und Rohrschach: ohne Anstrengung am See-Ufer entlangfahren. Beratung und Ausrüstung bei Velo-Mann!
b Erholung pur: Bei uns dürfen Sie langsam sein, lange schlafen, lange frühstücken und unsere gute Luft genießen. Hier ist die Welt noch in Ordnung!
c Am Langwieder See: Die Vögel singen, die Frösche quaken. Im Zelt auf Campingplätzen übernachten. Die perfekte Erholung!

# TEST

## 1 Urlaub in der Uckermark. Ergänzen Sie.

WÖRTER

WILLKOMMEN IN DER UCKERMARK IN NORDOSTDEUTSCHLAND!

Hier finden Sie eine wunderschöne (a) Landschaft (SCHANFTDAL) mit vielen Seen und Wäldern. Bei Fahrten durch die Natur sehen Sie viele (b) _______________ (IETER) und (c) _______________ (ANZELPFN). Allein oder in der (d) _______________ (GURPEP) können Sie (e) _______________ (DENNWAR), Fahrrad fahren oder anders sportlich (f) _______________ (VITAK) sein. Wir (g) _______________ (EBRETNA) Sie gern.

_ / 6 PUNKTE

## 2 Bilden Sie Nomen mit *-ung* oder *-er*.

STRUKTUREN

a ■ Wir möchten dreimal <u>übernachten</u>. Eine Übernachtung kostet 38 Euro. Das sind dann ...

b ■ Meine Kinder <u>wandern</u> leider nicht gern.
▲ Buchen Sie doch die Nacht-_______________. Die ist toll für Groß und Klein!

c ■ Wann und wo kann ich mich <u>anmelden</u>?
▲ Die _______________ beginnt am 1. August hier bei uns im Büro.

d ■ <u>Vermieten</u> Sie die Zimmer auch an Weihnachten?
▲ Da müssen Sie Herrn Fährmann fragen. Er ist der _______________ .

e ■ Wie war dein Urlaub? Hast du dich <u>erholt</u>?
▲ Ja, eine Woche Entspannung und _______________, das war perfekt.

_ / 4 PUNKTE

## 3 Ordnen Sie zu.

KOMMUNIKATION

finde die Idee | würde gern | nehme ich lieber | gefällt mir am besten | überhaupt nicht | am liebsten

■ Sollen wir in den Sommerferien in die Berge fahren?
▲ Nicht schon wieder! Das gefällt mir _______________ (a). Ich würde _______________ (b) in den Süden fliegen und am Meer liegen.
● In die Berge? Also, ich _______________ (c) auch nicht so gut.
■ Berge, Meer ... das kennen wir schon. Ich _______________ (d) nach Norddeutschland reisen, da waren wir noch nie.
● Meine Freunde sind gerade den Berlin-Usedom-Radweg gefahren, 340 Kilometer in nur zwei Tagen. Das können wir auch machen.
▲ 340 Kilometer in zwei Tagen? Nein, danke! Da _______________ (e) den Zug!
■ Super! Die Idee mit der Radtour _______________ (f).

_ / 6 PUNKTE

| Wörter | | Strukturen | | Kommunikation | |
|---|---|---|---|---|---|
| ● | 0–3 Punkte | ● | 0–2 Punkte | ● | 0–3 Punkte |
| ● | 4 Punkte | ● | 3 Punkte | ● | 4 Punkte |
| ● | 5–6 Punkte | ● | 4 Punkte | ● | 5–6 Punkte |

www.hueber.de/menschen

# LERNWORTSCHATZ

## 1 Wie heißen die Wörter in Ihrer Sprache? Übersetzen Sie.

**Natur und Umwelt**
Dorf das, ¨-er ______
Katze die, -n ______
Pflanze die, -n ______
Landschaft die, -en ______
Luft die ______
Ruhe die ______
Strand der, ¨-e ______
Tier das, -e ______
Ufer das, - ______
Vogel der, ¨ ______

wandern, ist gewandert ______

**Tourismus**
Beratung die, -en ______
Erfahrung die, -en ______
Fahrt die, -en ______
Gruppe die, -n ______
Karte die, -n ______
Service der, -s ______
Trend der, -s ______
Unterricht der ______

an·bieten, hat angeboten ______
beraten, du berätst, er berät, hat beraten ______
beginnen, hat begonnen ______
buchen, hat gebucht ______
enden, hat geendet ______
erleben, hat erlebt ______
mit·machen, hat mitgemacht ______

aktiv ______
sportlich ______

**Weitere wichtige Wörter**
Mode die, -n ______

liegen in, hat gelegen ______
A/CH: ist gelegen

überhaupt nicht ______
anders ______
außerdem ______
direkt ______

TIPP
Notieren Sie unterwegs neue Wörter. Sie können auch Bilder malen.

der Vogel | der Wald

## 2 Welche Wörter möchten Sie noch lernen? Notieren Sie.

______
______
______
______
______
______
______

# WIEDERHOLUNGSSTATION: WORTSCHATZ

## 1 Meine Familie

**a Bilden Sie Wörter.**

~~NE~~ | NICH | SIN | ON | EL | TE | COU | TERN | KEL | ~~SI~~ | TE | SCHWIE | TAN | ~~COU~~ | GER

Cousine ______________ ______________ ______________

______________ ______________ ______________

**b Ordnen Sie die Wörter aus a zu.**

1 ■ Bist du das? Du hattest früher ja blonde Haare!
▲ Ja. Neben mir steht meine Cousine (a) Dorothea. Wir sind gleich alt und haben früher viel zusammen gespielt. Neben uns ist mein ______________ (b) Benedikt.
Dorothea und Benedikt sind die Kinder von ______________ (c) Angelika und ______________ (d) Thomas. Er ist der Bruder von meiner Mutter.

2 ● Das ist die Familie von meinem Mann. Hier heiratet seine ______________ (a) Sarah. Sie ist die Tochter von seinem Bruder. Auf dem anderen Bild siehst du Sarahs Großeltern.
■ Das sind doch auch deine ______________ (b), oder?
● Richtig!

## 2 Was war früher anders als heute? Ergänzen Sie.

Dorf | ~~Zigaretten~~ | Herd | Unterricht | Fernsehgerät | Puppen | Luft | Bauernhof

a Früher habe ich am Tag 20 Zigaretten geraucht, heute lebe ich gesünder.
b Als Kind habe ich mit ______________ gespielt. Meine Tochter findet Computerspiele interessanter.
c In unserem ______________ war die ______________ früher besser, heute gibt es viele Fabriken.
d Meine Großeltern haben auf einem ______________ gelebt, wir wohnen in der Stadt.
e In meiner Kindheit hatten wir auch kein ______________.
f Meine Schwiegermutter hat früher mit Holz gekocht, jetzt hat sie einen ______________.
g Der ______________ in der Schule war anders, heute diskutieren die Lehrer mehr mit den Schülern.

## 3 Wo machen wir ein Picknick? Lösen Sie das Rätsel.

| | | | | | | | | | | | | |
|---|---|---|---|---|---|---|---|---|---|---|---|---|
| | | | | | | a | | | L | | | |
| | | | | | b | | | E | | | | |
| | | c | W | | | | | | | | | |
| | | | | | | d | | | | | | |
| e | | | | | | Z | | | | | | |

a Im ... stehen viele Bäume.
b Hunde, Katzen, Frösche und Vögel sind ...
c In den Bergen kann man gut ...
d Man schwimmt im Meer und liegt dann am ... in der Sonne.
e Eine Blume ist eine ...

Lösung: Auf einer _ _ _ S _!

# WIEDERHOLUNGSSTATION: GRAMMATIK

## 1 Montagmorgen in der Büroküche. Was ist richtig? Markieren Sie.

■ Guten Morgen. Wie geht's dir? Wie war sein / seine / dein / deine (a) Wochenende?
▲ Na ja, es geht so. Mein / Meine / Ihr / Ihre (b) Schwiegermutter hat mich und sein / seinen / mein / meinen (c) Mann besucht und mal wieder eure / euren / unsere / unseren (d) Wohnung geputzt.
■ Was?! Wie findet mein / meinen / dein / deinen (e) Mann das eigentlich?
▲ Ach, der findet ja, ihre / ihr / seine / sein (f) Mutter soll jedes Wochenende zu uns kommen.
● Übrigens! Susanne arbeitet nicht mehr bei uns. Sie hat einen super Job bei Siemens gefunden.
■ Wow, mit seiner / seine / ihrer / ihre (g) Erfahrung verdient sie da sicher viel mehr als in unserer / unsere / seiner / seine (h) Firma.
● Vielleicht, aber mir macht meine / mein / deine / dein (i) Arbeit hier Spaß.
▲ Ach, da kommt ja Herr Dirks. Vielleicht hat er meinen / mein / ihren / ihr (j) Drucker schon repariert.
■ Guten Morgen, Frau Müller. Ihr / Ihre / Dein / Deine (k) Drucker ist fertig. Er steht in Ihrem / Ihr / deinem / dein (l) Büro.

## 2 Johanna hat ihr Zimmer neu eingerichtet. Ergänzen Sie die Präpositionen und die Artikel.

a Sie hat ein Sofa, einen Stuhl und einen Sessel ins Zimmer gestellt.
b ____________ Sofa und ____________ Sessel hat sie einen Tisch gestellt.
c Das Bett steht jetzt ____________ Fenster.
d ____________ Bett hängt ein Bücherregal.
e ____________ Fenster hat sie Vorhänge gehängt.
f ____________ Schrank liegt ein Teppich.
g Die Lampe hat sie ____________ Tisch gehängt.
h ____________ Wand ____________ Sofa hängt ein Bild.

## 3 Ergänzen Sie die Tabellen.

| Verben | Nomen + -ung |
|---|---|
| übernachten | die Übernachtung |
| buchen | |

| Verben | Nomen + -er |
|---|---|
| mieten | |
| | der Spieler |
| fahren | |
| | der Kletterer |

| Verben | Nomen + -ung | Nomen + -er |
|---|---|---|
| sammeln | | |
| | die Zeichnung | |

# SELBSTEINSCHÄTZUNG Das kann ich!

## Ich kann jetzt ...

**... über Berufe sprechen:** L01

Mein Großvater war ______________________
und mein Vater ist auch ____________________________.
Ich möchte auf __________________ Fall _________________________________, denn ich
finde den Beruf ______________________________.

**... Familiengeschichten erzählen:** L01

■ Habe ich dir schon ______ meiner Cousine __________________?
▲ Nein.
■ Also, _____________ auf: ...
Und ___________ du, was dann ______________________ ist? Sie ...
Sie ___________ schon verrückt, meine ___________________.

**... Einrichtungstipps geben:** L02

______________________ einen Teppich auf den Boden. Dann ___________ das Zimmer gleich wärmer aus.
_________________ das Sofa unter das Regal.
_________________ mit großen Möbelstücken! ___________ Sie sie vor eine helle Wand, _________ wird das Zimmer schnell zu dunkel.

**... etwas bewerten:** L03

■ Welche Idee __________________ dir ______ besten?
▲ Also ich __________ den Öko-Wellness-Bauernhof am besten.
■ Echt? Die Idee _____________ mir _____________ nicht.
Ich glaube, das ________________________________ nicht.
▲ Doch, das glaube ich schon. Das __________ doch gerade im _________.

**... Vorlieben und Wünsche ausdrücken:** L03

■ Welche Reise würdest du am liebsten buchen?
▲ Ich ____________________________ die Wasserwanderung ____________________________.
■ Wirklich? Ich fahre ___________ Fahrrad.

## Ich kenne ...

**... 10 Familienmitglieder:** L01

Diese Familienmitglieder treffe ich oft:

_____________________________________________________________________

Diese Familienmitglieder treffe ich nicht so oft:

_____________________________________________________________________

**... 10 Aktivitäten aus meiner Kindheit:** L01

Das habe ich als Kind gern gemacht:

_____________________________________________________________________

Das habe ich als Kind nicht / nicht so gern gemacht:

_____________________________________________________________________

# SELBSTEINSCHÄTZUNG Das kann ich!

**... 10 Wörter zum Thema „Einrichtung und Haushalt":** L02

______________________________

**... 8 Wörter zum Thema „Natur und Umwelt":** L03

Das mag ich:

______________________________

Das mag ich nicht:

______________________________

**Ich kann auch ...**

**... Besitzverhältnisse angeben (Possessivartikel):** L01

Das sind u__________ Zigaretten.
Habt ihr e__________ Hausaufgaben gemacht?
Kann ich auch mit m__________ Kreditkarte zahlen?

**... die Lage von Dingen und die Richtung angeben (Wechselpräpositionen):** L02

Wo hängt die Lampe?__________
Wohin soll ich die Lampe hängen? __________

**... sagen, wer das macht und was man macht (Nomen bilden):** L03

Wer vermietet eine Wohnung? – Der V__________.
Sie erfahren viel. Sie machen viele E__________.

**... eine Erzählung strukturieren:** L01

z__________, dann, d__________, z_____ S__________

**Üben / Wiederholen möchte ich noch ...**

______________________________

# RÜCKBLICK

**Wählen Sie eine Aufgabe zu Lektion 1** __________

**1 Er war schon verrückt, mein Onkel Willi! Sehen Sie noch einmal die Bilder im Kursbuch auf Seite 11 an und beantworten Sie die Fragen.**

a Wer hat gestritten?
b Warum?
c Was ist dann passiert?

**2 Wann haben Sie zuletzt gestritten/verschlafen/gelacht/...?**
Was ist dann passiert? Machen Sie zuerst Notizen und schreiben Sie dann eine Geschichte.

Wann verschlafen?/
Wer hat gestritten/gelacht?
Warum?
Was ist dann passiert?

# RÜCKBLICK

## Wählen Sie eine Aufgabe zu Lektion 2

### 1 Sehen Sie sich noch einmal die Fotos im Kursbuch auf Seite 14 an. Wie sind die Wohnungen eingerichtet? Welche Unterschiede gibt es?

Jasmins Wohnung
In Jasmins Wohnung hängen Bilder an der Wand.

Stefans Wohnung
In Stefans Wohnung hängen keine Bilder an der Wand. Stefan hat das Sofa in die Mitte gestellt.

### 2 Ihr Traumwohnzimmer

Wie würden Sie Ihr Traumwohnzimmer einrichten?
Schreiben Sie zu folgenden Punkten:
- Welche Möbel gibt es?
- Wo stehen die Möbel?
- Was ist für Sie noch wichtig?

In meinem Wohnzimmer gibt es ...
Das Sofa steht in der Mitte.
...

## Wählen Sie eine Aufgabe zu Lektion 3

### 1 Lesen Sie noch einmal die Werbetexte im Kursbuch auf Seite 18 und 19.

Wo möchten Sie am liebsten Urlaub machen?
Wählen Sie einen Text. Schreiben Sie: Was machen Sie an einem Urlaubstag an diesem Ort.

Text A
Ich schlafe lange. Dann frühstücke ich. Es gibt Milch und Eier. Alles ist ganz frisch. Dann ...

### 2 Wohin würden Sie gern fahren?

**a** Suchen Sie im Internet, in einer Zeitung oder Zeitschrift einen Werbetext für einen interessanten Urlaubsort.

Schreiben Sie die Informationen in die Tabelle.

| Urlaubsort | Was kann man da machen? | Was gefällt mir dort besonders? |
|---|---|---|
| | | |

**b** Schreiben Sie einen Text über den Urlaubsort.

Ich würde gerne nach ... fahren.
Da kann man ...
Ich ... gern.

# NUR WIR FÜNF

## Teil 1: Wohin fahren wir in Urlaub?

In der Schule haben sie alles gemeinsam gemacht. Sie haben sich jeden Tag gesehen.

Mara, Max, Ina, Ralf und Bernd.

Und jetzt, zehn Jahre später … sind sie immer noch die besten Freunde.

Aber sie sehen sich nicht mehr so oft. Sie haben verschiedene Berufe und wohnen in verschiedenen Städten.

Doch manchmal treffen sie sich und machen gemeinsam Urlaub.

Sie chatten gerade, sie planen ihren Urlaub …

MaraSupergirl: Urlaub auf dem Bauernhof? Sicher nicht!
Maxxx: Warum nicht? Das ist cool.
MaraSupergirl: Shopping ist cool. Tanzen ist toll.
Maxxx: Wandern gehen, in der Natur sein, das gefällt mir!
iBernd: Ich will nicht in der Natur sein.
Ina09: Weil es da kein Internet gibt.
iBernd: Genau.
MaraSupergirl: Warum fahren wir nicht nach Paris?
Ina09: Gute Idee.
Maxxx: Ohne mich. Ich kann kein Wort Französisch.
MaraSupergirl: Weil du in der Schule nichts gelernt hast.
Ina09: In Paris gibt es tolle Museen.
iBernd: Gähn! Langweilig!
Ina09: Was hast du gegen Museen?
Maxxx: Er schaut sich Bilder nur am Computer an.
King_Ralf: Leute, ich habe eine Idee. Ich habe euch einen Link geschickt. Schaut euch den mal an.

Stadt und Land
Machen Sie eine Radtour entlang der Spree und durch das Land um Berlin. Genießen Sie die wunderschöne Natur. Übernachten Sie auf Campingplätzen. Und danach haben Sie noch genug Zeit für Berlin, die Hauptstadt mit ihren vielen Museen und Einkaufsstraßen …

Maxxx: Camping ist super.
MaraSupergirl: Ja, am besten ohne Dusche.
iBernd: Und ohne Strom.
Ina09: Aber Berlin, die Museen …
MaraSupergirl: Und die Einkaufsstraßen …
King_Ralf: Es gibt für jeden etwas.
Maxxx: Das könnte funktionieren.
MaraSupergirl: Vielleicht …
Ina09: Ich finde, das ist eine gute Idee!
iBernd: Okay, probieren wir es.
King_Ralf: Super … Auf nach Berlin!

# Was darf es sein?

KB 2 **1 Online-Umfrage zum Thema „Einkaufen". Ergänzen Sie.**

Wörter

1 Wo kaufen Sie lieber ein?
☐ in kleinen G e s c h ä f t e n ☐ auf dem M __ __ k __ ☐ im S __ __ __ __ markt

2 Wie oft kaufen Sie ein?
☐ jeden Tag ☐ einmal bis z __ e __ __ al p __ __ Woche ☐ einmal p __ __ Monat

3 Was nehmen Sie zum Einkaufen mit?
☐ Einkaufsz __ t __ e __ ☐ Einkaufst __ s __ h __

4 Wie gehen Sie am liebsten einkaufen?
☐ h __ n __ r __ g ☐ s __ __ t ☐ weiß nicht

5 Achten Sie auf A __ g __ b __ te?
☐ immer ☐ manchmal ☐ nie

Fragebogen absenden

KB 3 **2 Ergänzen und vergleichen Sie.**

Wörter

| | Deutsch | Englisch | Meine Sprache oder andere Sprachen |
|---|---|---|---|
| a | die Birne | pear | |
| b | | jam/marmalade | |
| c | | coke | |
| d | | banana | |

KB 4 **3 Sonderangebote: Was kostet wie viel? Ergänzen Sie.**

Wörter

Eine Dose | Eine Tüte | Eine Packung | Ein Liter | ~~100 Gramm~~ | Ein Pfund | Ein Kilo

a 100 Gramm Weichkäse kosten 1,59 Euro.
b ______________________ kostet 0,86 Euro.
c ______________________ kostet 0,54 Euro.
d ______________________ kostet 1,29 Euro.
e ______________________ kostet 1,08 Euro.
f ______________________ kostet 0,98 Euro.
g ______________________ kostet 1,69 Euro.

**SONDERANGEBOTE**

**Weichkäse** aus Rohmilch
100 g / 1,59 €

**Quark** 40% Fett
500 g / 0,86 €

6 **Eier**

1,08 €

**Mehl**
1 kg / 0,54 €

**Bohnen**

0,98 €

**Orangensaft**
1 l / 1,29 €

**Schokobonbons**

1,69 €

KB 5 **4 Das schmeckt doch nicht! Markieren Sie die Endungen der Adjektive und ergänzen Sie *der*, *das* oder *die*.**

Strukturen entdecken

a die Tomaten — Das sind aber grüne Tomaten.
b ______ Brötchen — Das ist ja ein hartes Brötchen.
c ______ Wurst — Das ist doch keine normale Wurst.
d ______ Braten — Das ist aber ein fetter Braten.

# BASISTRAINING

KB 5 **5** **Was hast du denn eingekauft? Lesen Sie den Einkaufszettel und ergänzen Sie dann die passenden Adjektive.**

STRUKTUREN

Milch (1,5 %)
span. Schinken
2 Paprika gelb
1 Mehl (billig!)
Käse (weich)

italienisch | ~~normal~~ | gelb | teuer | hart | ~~fettarm~~ | spanisch | billig | grün | weich

a Das ist doch eine normale und keine fettarme Milch.
b Das ist doch ein ________________ und kein ________________ Käse.
c Das ist doch ein ________________ und kein ________________ Schinken.
d Das sind doch ________________ und keine ________________ Paprika.
e Das ist doch ein ________________ und kein ________________ Mehl.

KB 5 **6** **Wie heißt das Gegenteil?**
**Schreiben Sie fünf Sätze wie im Beispiel. Tauschen Sie dann mit Ihrer Partnerin / Ihrem Partner. Ihre Partnerin / Ihr Partner ergänzt das passende Adjektiv.**

Das sind keine rohen Eier. Das sind ________________ Eier.
Das ist kein großer Fehler. Das ist ein ________________ Fehler.

KB 5 **7** **Was passt? Ordnen Sie zu.**

STRUKTUREN

a Ich mag keine dunkle — Zwiebeln.
b Ich trinke keinen schwarzen — Glas Orangensaft.
c Ich trinke jeden Morgen ein großes — Tee.
d Ich esse gern rohe — Pommes frites.
e Aber ich esse keine fetten — Schokolade.

KB 5 **8** **Ergänzen Sie den Akkusativ mit den Beispielen aus 7.**
**Markieren Sie die Endungen. Notieren Sie dann den Nominativ.**

STRUKTUREN ENTDECKEN

| Nominativ | Akkusativ |
|---|---|
| • (k)ein schwarzer Tee | (k)einen schwarzen Tee |
| • | |
| • | |
| • | |

KB 5 **9** **Was ist im Kühlschrank? Ergänzen Sie die Endungen.**

STRUKTUREN

■ Müssen wir wirklich einkaufen gehen? Was haben wir denn noch im Kühlschrank?
▲ Da ist eine kleine (a) Packung Quark und ein mager_____ (b) Käse. Wir haben auch noch ein paar alt_____ (c) Kartoffeln und eine klein_____ grün_____ (d) Paprika. Da ist auch noch ein klein_____ (e) Glas Marmelade. Wir haben ein hart gekocht_____ (f) Ei, aber keine roh_____ (g) Eier mehr. Zum Trinken haben wir nur noch eine groß_____ (h) Flasche Cola.

KB 5 **10** **Wo kaufen Sie gern ein? Ergänzen Sie.**

Strukturen

a im Urlaub auf ein*em* französisch*en* ● Markt
b in normal_____ ● Läden
c in ein_____ klein_____ ● Geschäft mit ein_____ nett_____ ● Verkäuferin
d in ein_____ modern_____ ● Einkaufszentrum
e in ein_____ schön_____ ● Laden in meiner Straße.

KB 6 **11** **Auf dem Flohmarkt. Ergänzen Sie die Endungen.**

Strukturen

a ■ Da hinten sind schön*e* Gläser.
▲ Das ist gut. Wir brauchen klein_____ Wassergläser.

b ■ Ich suche ein nett_____ Geschenk für meine Freundin.
▲ Kauf ihr doch eine schön_____ Kette.

c ■ Ich möchte für meinen klein_____ Cousin ein Buch kaufen.
▲ Hier ist ein Kinderbuch mit lustig_____ Bildern.

d ■ Gibt es denn hier keine alt_____ Computer?
▲ Du hast doch schon einen alt_____ Computer zu Hause!

e ■ Oh! Das ist ein toll_____ Ring!
▲ Also, ich finde die Halskette mit klein_____ Blumen schöner.

KB 7 **12** **Ergänzen Sie das Gespräch.**

Kommunikation

Das ist alles | Ich hätte gern | sonst noch etwas | Dann geben Sie | sind heute im Angebot | ~~Was darf es~~ | Meinen Sie | Wie viel darf | Gemüse brauche ich

● *Was darf es* (a) sein?
▲ ______________________ (b) Tomaten.
● Möchten Sie normale Tomaten oder lieber Cocktailtomaten?
Die Cocktailtomaten ______________________ (c). Die kosten nur 2,80 Euro je Kilo.
▲ ______________________ (d) mir doch bitte die Cocktailtomaten.
● ______________________ (e) es denn sein?
▲ Ein Pfund, bitte.
● Möchten Sie ______________________ (f)?
▲ ______________________ (g) nicht mehr, aber vielleicht noch ein Kilo von den Äpfeln.
● ______________________ (h) die da oder die hier?
▲ Die da, bitte.
● Sonst noch etwas?
▲ Nein, danke. ______________________ (i).

# TRAINING: SPRECHEN

## 1 In einem Restaurant/Café bestellen

**Was sagt der Gast? Was sagt der Kellner? Schreiben Sie die Sätze für den Gast auf gelbe und die Sätze für den Kellner auf blaue Kärtchen.**

Was darf ich Ihnen bringen? | Ich hätte gern / Ich nehme … | Dann nehme ich … | Ich möchte lieber … Geht das? | Das geht (leider nicht). | Kann ich … haben? | Was darf es sein? | Tut mir leid. Wir haben kein(e) … | Wir haben nur noch … | Soll es … oder … sein? | Möchten Sie lieber … oder …? | Ja, sehr gern. Sofort.

Dann nehme ich …

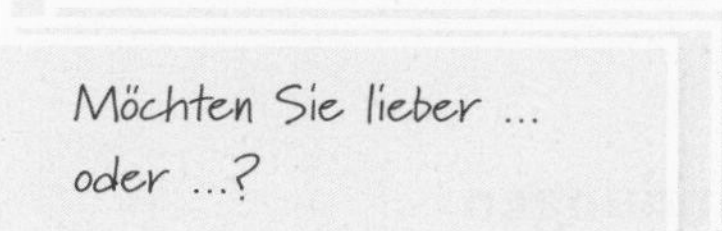


TIPP
Schreiben Sie wichtige Sätze auf Kärtchen. Legen Sie die Karten für Ihre Rolle vor sich auf den Tisch. Benutzen Sie möglichst viele Sätze. Die Karten helfen.

## 2 Spielen Sie mit Ihrer Partnerin / Ihrem Partner die Situationen. Verwenden Sie Sätze aus 1. Wechseln Sie die Rollen.

Sie sind Gast.

A Bestellen Sie ein französisches Frühstück mit einem Glas Orangensaft und einem grünen Tee.

B Bestellen Sie eine Cola und Schweinebraten mit Kartoffeln. Sie möchten aber nur eine halbe Portion. Denn Sie sind nicht sehr hungrig.

Sie sind Kellnerin/Kellner.

A Heute haben Sie keinen grünen Tee mehr. Der Orangensaft ist frisch gepresst oder normal. Was möchte der Gast? Fragen Sie.

B Es gibt eine kleine oder große Cola. Was möchte der Gast? Fragen Sie. Man kann in Ihrem Restaurant auch halbe Portionen bestellen.

# TRAINING: AUSSPRACHE *Akzent und Rhythmus*

▶ 1 14 **1 Hören Sie. Hören Sie dann noch einmal und brummen oder klopfen Sie mit.**

einen milden Käse – einen mageren Schinken – grüne Bohnen – ein weich gekochtes Ei – eine warme Milch – einen grünen Tee – ein helles Brötchen – harte Birnen

▶ 1 15 **2 Hören Sie die Gespräche.**

a ■ Ich hätte gern einen milden Käse.
▲ Möchten Sie lieber einen weichen Käse oder einen harten?

b ■ Ich hätte gern einen mageren Schinken.
▲ Soll es ein roher Schinken sein oder ein gekochter?

c ■ Möchtest du ein weich gekochtes Ei?
▲ Oh ja. Weich gekochte Eier esse ich gern.
■ Wirklich? Ich nicht. Ich möchte lieber ein hart gekochtes Ei.

▶ 1 16 **Hören Sie noch einmal und sprechen Sie nach.**

# TEST

## 1 Was steht auf dem Einkaufszettel? Ergänzen Sie.

WÖRTER

Pizza:
- je 250 g Schinken und S a l a m i (a)
- eine D _ _ _ (b) Mais
- zwei K _ _ _ (c) Mehl
- ein Pf _ _ _ (d) Tomaten
- eine P _ c k _ _ _ (e) Käse
- frischer K _ _ b _ a _ c h (f)

Dessert:
- ein _ i _ _ r (g) Milch (fettarm!)
- B i _ _ _ n (h), Äpfel und _ a n _ _ _ n (i)
- 500 g Q _ _ r _ (j)

Getränke:
- Wasser, Wein, Orangen_ a _ t (k)

_ / 10 PUNKTE

## 2 Ergänzen Sie die Endungen.

STRUKTUREN

■ Sollen wir für meine Geburtstagsparty eine große (a) Pizza backen?
▲ Gute Idee. Haben wir noch Mehl?
■ Ja, aber hier ist kein hell____ (b) Mehl.
▲ Ich schreibe es gleich auf den Einkaufszettel. Und wie viel Schinken und Salami brauchen wir?
■ Je 250 Gramm. Aber bitte keinen roh____ (c) Schinken und nur eine fettarm____ (d) Salami.
▲ Schon klar. Dann kaufe ich noch weich____ (e) Tomaten und einen mild____ (f) Käse.
■ Und als Dessert gibt es einen lecker____ (g) Kuchen.
▲ Oder wir machen einen frisch____ (h) Obstsalat.
■ Super! Ich freue mich schon.

_ / 7 PUNKTE

## 3 Ordnen Sie zu.

KOMMUNIKATION

Das ist alles | Wie viel darf es sein | Möchten Sie lieber | Ich hätte gern | Möchten Sie sonst noch | Was darf es sein

■ Hallo, Frau Fischer. ______________________________ (a)?
▲ ______________________________ (b) Schinken und Salami für eine Pizza.
■ ______________________________ (c) einen rohen oder einen gekochten Schinken?
▲ Einen gekochten, bitte.
■ ______________________________ (d)?
▲ Geben Sie mir bitte 250 Gramm und dann noch 250 Gramm von der Salami.
■ Gern. ______________________________ (e) etwas?
▲ Nein, danke. ______________________________ (f).

_ / 6 PUNKTE

| Wörter | | Strukturen | | Kommunikation | |
|---|---|---|---|---|---|
| ● | 0–5 Punkte | ● | 0–3 Punkte | ● | 0–3 Punkte |
| ● | 6–7 Punkte | ● | 4–5 Punkte | ● | 4 Punkte |
| ● | 8–10 Punkte | ● | 6–7 Punkte | ● | 5–6 Punkte |

www.hueber.de/menschen

# LERNWORTSCHATZ

## 1 Wie heißen die Wörter in Ihrer Sprache? Übersetzen Sie.

**Lebensmittel**
Banane die, -n
Birne die, -n
Bohne die, -n
A: grüne Bohne = Fisole die, -n
Bonbon der/das, -s
A: Zuckerl das, -
CH: Täfeli das, - / Zältli das, -
Cola die
A: Cola das
CH: Coca-Cola, das
Gemüse das
Getränk das, -e
Marmelade die, -n
CH: Konfitüre die, -n
Mehl das
Quark der
A: Topfen der, -
Saft der, ¨-e

fett
fettarm
frisch
hart
mager
normal
roh
weich

TIPP Notieren Sie Gegensätze.

hungrig – satt

**Einkaufen**
Dose die, -n
Gramm das, -e
A: 500 Gramm = 50 Dekagramm(dag)
Kilo(gramm) das, -(s)
Liter der, -
Packung die, -en
Pfund das, -e
A: halbe Kilo das
Portion die, -en
Tüte die, -n
A: Sackerl das, -
CH: Sack der, ¨-e
Zettel der, -
der Einkaufszettel

hungrig
satt

je
pro

**Weitere wichtige Wörter**
Gewohnheit die, -en
Essgewohnheit
Fehler der, -

bestellen, hat bestellt
hoffen, hat gehofft

nämlich

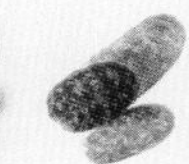

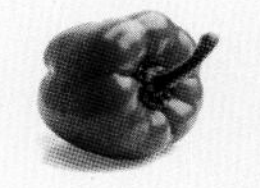
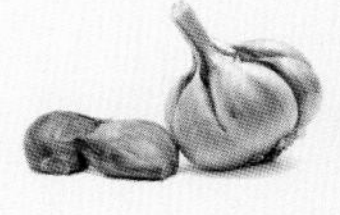

## 2 Welche Wörter möchten Sie noch lernen? Notieren Sie.

# Schaut mal, der schöne Dom!

KB 3 **1** **Welches Verb passt? Kreuzen Sie an.**

WÖRTER

a ein ausländischer Tourist ○ reisen ○ ankommen ⊗ sein
b zu Fuß einen Rundgang durch die Stadt ○ besichtigen ○ machen ○ gehen
c geöffnet/offen ○ wechseln ○ sein ○ machen
d Sehenswürdigkeiten ○ buchen ○ besichtigen ○ mitmachen
e auf einer Bank Geld ○ wechseln ○ kaufen ○ geben
f einem Kellner Trinkgeld ○ machen ○ geben ○ einladen
g eine Unterkunft für zwei Nächte ○ übernachten ○ buchen ○ gefallen
h wichtige Informationen in einem Prospekt ○ lesen ○ informieren ○ buchen
i eine Führung durch die Stadt ○ mitmachen ○ gehen ○ fahren
j einen guten Reiseführer ○ haben ○ besichtigen ○ mitmachen
k sich für Museen ○ besichtigen ○ gefallen ○ interessieren

KB 4 **2** **Schreiben Sie die Wörter richtig.**

WÖRTER

a Schöne *Ferien* (enFier)! Schreib mir! Ich ____________ (efrue) mich über eine ____________ (karsPotte).

b Hast Du meine ____________ (rienchNacht) nicht bekommen? Warum rufst Du mich nie an? Das ____________ (gertär) mich!

c Kannst Du den ____________ (verseReifüh) über Rom für mich in der Bibliothek ____________ (engeabb)? Die Bibliothek ist nur bis 18.00 Uhr ____________ (netöffge).
Danke und dickes Bussi ♥

KB 5 **3** **Ergänzen Sie.**

WÖRTER

Club | Mauer | ~~Dom~~ | schick | berühmt | bunt

a Ein *Dom* ist eine große Kirche.
b Früher war zwischen Ost- und Westberlin eine ____________.
c Ich kenne einen coolen ____________. Da spielen immer interessante Bands.
d Das Haus hat viele Farben, es ist ____________.
e Jeder kennt die Popsängerin Lady Gaga, sie ist ____________.
f Dieses Stadtviertel ist gerade in, es ist sehr ____________ geworden.

KB 5 **4 Markieren Sie die Adjektivendungen und ergänzen Sie das Gegenteil.**

STRUKTUREN ENTDECKEN

a die freundlichen – *die unfreundlichen* Touristen
b die schönen – ________________ Postkarten
c der geschlossene – ________________ Supermarkt
d die langweilige – ________________ Stadtführung
e die lange – ________________ Schifffahrt
f das gute – ________________ Wetter
g das alte – ________________ Haus
h der kurze – ________________ Brief

KB 5 **5 Ihr Kursort**

**Was gefällt Ihnen / Was gefällt Ihnen nicht?**
**Schreiben Sie sechs Beispiele. Tauschen Sie mit Ihrer Partnerin / Ihrem Partner.**
**Sie/Er ergänzt die Adjektivendungen.**

| Das gefällt mir: | Das gefällt mir nicht: |
|---|---|
| die alt___ Häuser im Zentrum | das langweilig___ Kunstmuseum |

KB 5 **6 Ordnen Sie zu und markieren Sie die Adjektivendungen.**

STRUKTUREN ENTDECKEN

das bunte | der kleinen | ~~den alten~~ | die schicken | dem bunten | ~~dem alten~~ | die kleine | den schicken

| Akkusativ | Dativ |
|---|---|
| Ich mag … (nicht) | Das ist die Straße mit … |
| ● *den alten* Supermarkt | *dem alten* Supermarkt |
| ● ________________ Haus | ________________ Haus |
| ● ________________ Kirche | ________________ Kirche |
| ● ________________ Geschäfte | ________________ Geschäften |

KB 5 **7 Auf dem Stadtrundgang. Ergänzen Sie.**

STRUKTUREN

a Den alt*en* Dom finde ich viel schöner als die modern___ Kirche.
b In den bunt___ Prospekten sieht die Stadt viel schöner aus.
c Die alt___ Kamera ist total schwer. Warum hast du denn nicht die neu___ mitgenommen?
d In dem schick___ Restaurant neben der Post würde ich auch gern essen.
e Hast du das nett___ Café gesehen? Da können wir nach der Führung hingehen.
f Warum hast du denn die teur___ Postkarten gekauft?
g Wie findest du denn das grün___ Haus mit dem klein___ Turm da vorne?
h In der klein___ Kirche waren wir ja schon.

KB 5 **8** **Ergänzen Sie.**

STRUKTUREN

Hallo Sara,
viel*e* (a) Grüße aus dem schön*en* (b) Wien.
Die Stadt ist toll. Am erst_____ (c) Tag habe ich einen lang_____ (d) Rundgang durch das Zentrum gemacht. Der Stadtführer war ein total lustig_____ jung_____ (e) Wiener. Die alt_____ (f) Häuser hier finde ich besonders schön. Ich habe auch eine nett_____ (g) Schifffahrt auf der schön____ blau_____ (h) Donau gemacht. Gestern Abend war ich im berühmt_____ (i) Burgtheater. Die Schauspieler waren wirklich toll! Leider habe ich keine billig_____ (j) Unterkunft gefunden. Das Hotel liegt auch noch in einem ziemlich langweilig_____ (k) Stadtviertel. Aber sonst ist es hier toll. Ich hoffe, Du hast auch schön_____ (l) Ferien. Bis bald! Astrid

KB 7 **9** **Ergänzen Sie die Gespräche.**

KOMMUNIKATION

gefällt dir bestimmt | ist wirklich beeindruckend | ~~doch später auch noch~~ | meistens mit meinem Besuch | einverstanden | zeigst du ihr nicht | wollen wir nicht zuerst | machen wir es

a ■ Wollen wir am Samstagabend in einen Club gehen?
▲ Das ist eine gute Idee. Aber ______________________ (a) essen gehen? In einen Club können wir *doch später auch noch* (b) gehen.
■ Ja gut, ______________________ (c) so. Gehen wir erst in ein Restaurant. Das „Roma" ist gut. Das ______________________ (d) auch.
▲ Okay, ______________________ (e).

b ● Am Wochenende kommt eine Freundin zu Besuch. Was soll ich nur mit ihr machen?
▲ Warum ______________________ (f) den Fernsehturm? Das mache ich ______________________ (g).
● Ja, das ist eine gute Idee. Der Blick von dort oben ______________________ (h).

KB 8 **10** **Ideen für einen Ausflug vorschlagen**

SCHREIBEN

Sie haben einer Freundin / einem Freund eine E-Mail geschrieben. Sie/Er hat Ihnen geantwortet:

> Au ja. Lass uns einen Ausflug machen. Wir können gleich nächsten Samstag fahren. Wohin sollen wir fahren?

**a** **Sie haben Ihre Antworten auf einem Zettel notiert. Was möchten Sie wann machen? Ordnen Sie zu.**

(a) einen Rundgang durch die Altstadt machen
(b) in einem typischen Restaurant essen
(c) mit dem Zug nach Salzburg fahren
(d) wieder nach Hause fahren
(e) eine Schifffahrt auf dem Fluss Salzach machen

Am Samstagmorgen *c*
Zuerst ___
Mittags ___
Am Nachmittag ___
Am Abend ___

**b** **Schreiben Sie nun eine Antwort. Was möchten Sie machen?**

> Liebe/Lieber ...
> Du hast nächsten Samstag Zeit. Das ist super.
> Wir können am Samstagmorgen mit dem Zug ...

# TRAINING: HÖREN

▶1 17 **1 Gespräch über den Besuch von einem Freund.**
**Klara spricht mit einem Freund über ihre Pläne.**

**a Hören Sie das Gespräch. Was möchte Klara mit ihrem Besuch machen? Kreuzen Sie an.**

1 in ein traditionelles Brauhaus gehen ○
2 den Wasserturm zeigen ○
3 italienisch essen ○
4 eine Schifffahrt machen ○
5 in einen Club gehen ○
6 ins Museum gehen ○
7 Sehenswürdigkeiten besichtigen ☒
8 frühstücken ○

TIPP: Alle Aktivitäten können im Hörtext vorkommen. Achten Sie auf Negationen wie z.B. „Das ist nicht so gut." oder „Ich kann doch nicht ..."

**b Hören Sie noch einmal. Was möchte Klara wann machen? Ordnen Sie aus a zu.**

| Montag | | Dienstag | | Mittwoch |
|---|---|---|---|---|
| Nachmittag | Später | Nachmittag | Abend | Vormittag |
| 7 | | | | |

# TRAINING: AUSSPRACHE *„sch", „st" und „sp"*

▶1 18 **1 Hören Sie und sprechen Sie nach.**

a Schaut mal, das schöne Schloss!
b Eine Schifffahrt auf dem Rhein ist schön.
c Das Römisch-Germanische Museum ist heute leider geschlossen.

▶1 19 **2 Wo hören Sie auch „sch"?**
**Kreuzen Sie an und ergänzen Sie die Regel.**

der Prospekt ○ der Spaß ○ später ○
spielen ○ die Stadt ○ das Kloster ○
der Tourist ○ die Ausstellung ○

REGEL: Am Wort- und Silbenanfang spricht man „sch" und schreibt ____________.

**3 Ergänzen Sie „s" oder „sch".**

**Lesen Sie laut.**

a ■ Ha___t du Lu___t? Wir gehen in einen ___icken Club. Das macht be___timmt ___paß!
▲ Einver___tanden!

b Oma ___reibt eine Po___tkarte:
„Eine ___ifffahrt, die i___t lu___tig, eine ___ifffahrt, die i___t ___ön ..."

c Die ideale ___tadtbesichtigung?
Zuer___t Kirchen mit bunten Fen___tern, dann ein Ausflug mit dem ___iff und zum ___luss Essen in einem ___icken Re___taurant.

▶1 20 **Hören Sie dann und vergleichen Sie.**

# TEST

## 1 Ordnen Sie zu.

WÖRTER

Sehenswürdigkeiten | ~~Kamera~~ | Ferien | Geld | Reiseführerin | Touristen | Stadtrundgang | Postkarte

Liebe Charlotte,
was? Du hast die Kamera (a) im Dom liegen gelassen? Du bist ja echt verrückt.
Wir machen gerade ______________ (b) in Basel. Natürlich haben wir wie alle ______________ (c) einen ______________ (d) gemacht. Die ______________ (e) hat uns in zwei Stunden die wichtigsten ______________ (f) gezeigt. War ganz interessant. Zum Glück war mein Cousin David dabei. Er studiert hier und ist echt süß!! Ich habe schon viele Sachen eingekauft. Jetzt habe ich fast kein ______________ (g) mehr. Weißt du was? Ich würde gern mal wieder eine richtige ______________ (h) bekommen. Schreibst du mir eine aus Köln?
Dickes Bussi zurück,
deine Süße

_ / 7 PUNKTE

## 2 Basel an einem Tag. Ergänzen Sie die Endung.

STRUKTUREN

„Besuchen Sie das berühmte (a) Münster mit dem bunt__ (b) Dach. Dann gehen Sie zum Marktplatz, dort ist das rot__ (c) Rathaus. Interessieren Sie sich für Kunst? Hier gibt es fast 40 Museen! Sehr bekannt ist das Museum für Gegenwartskunst mit den modern__ (d) Bildern. Besichtigen Sie aber auch die wunderbar__ (e) Häuser und die alt__ (f) Stadtmauer im Stadtteil St. Alban. Sehenswert sind die vielen Plätze und die grün__ (g) Parks. Die jung__ (h) Leute treffen sich am Rheinufer. Auf dem beliebt__ (i) Platz ist immer etwas los."

_ / 8 PUNKTE

## 3 Was sagen die Personen? Ergänzen Sie.

KOMMUNIKATION

- ■ Hallo David, gehen wir heute Abend zuerst ins Kino und d _ _ _ _ _ (a) in den neuen Jazz-Club?
- ▲ Hi Alessandro, k _ _ _ _ _ wir nicht a _ _ _ (b) nächste Woche gehen? Ich habe gerade Besuch von meiner Cousine Maria und ihrer Familie. Wir wollen heute eine Hafenrundfahrt machen. Du kannst ja mitkommen. Das g _ _ ä _ _ _ dir s _ c h _ _ (c).
- ■ Gern, das ist eine g _ _ _ I _ _ _ (d). Dann können wir auch die Dreiländerbrücke ansehen. Die ist w _ r k _ _ _ _ b _ e i _ _ _ _ c _ _ _ _ (e). Wo treffen wir uns?
- ▲ Um drei am Hafen?
- ■ E _ _ v _ _ _ _ _ _ _ _ _ (f)! Das w _ _ _ b _ _ _ _ _ _ _ lustig (g)!

_ / 7 PUNKTE

| Wörter | | Strukturen | | Kommunikation | |
|---|---|---|---|---|---|
| ● | 0–3 Punkte | ● | 0–4 Punkte | ● | 0–3 Punkte |
| ● | 4–5 Punkte | ● | 5–6 Punkte | ● | 4–5 Punkte |
| ● | 6–7 Punkte | ● | 7–8 Punkte | ● | 6–7 Punkte |

www.hueber.de/menschen

# LERNWORTSCHATZ

## 1 Wie heißen die Wörter in Ihrer Sprache? Übersetzen Sie.

**Tourismus**

Besuch der, -e
Club der, -s
Ferien die (Pl.)
Führung die, -en
Kamera die, -s
Mauer die, -n (Stadtmauer)
Prospekt der, -e
Reiseführer der, - (Person und Buch)
A/CH: Reiseleiter der, - (Person)
Rundgang der, ¨-e
Sehenswürdigkeit die, -en
Tourist der, -en
Trinkgeld das, -er
Unterkunft die, ¨-e

besichtigen, hat besichtigt
interessieren (sich), hat sich interessiert
wechseln, hat gewechselt
Geld wechseln
zeigen, hat gezeigt

berühmt
geöffnet/offen

**Weitere wichtige Wörter**

Nachricht die, -en
Postkarte die, -n
Supermarkt der, ¨-e
Wunsch der, ¨-e

ab·geben, hat abgegeben
ärgern (sich), hat sich geärgert
dafür sein, war dafür, ist dafür gewesen
dagegen sein, war dagegen, ist dagegen gewesen
freuen (sich), hat sich gefreut

bunt
CH: auch: farbig
einverstanden
schick

bestimmt
A: sicher
meistens
später

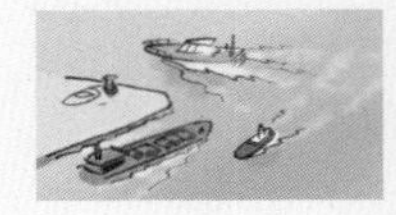

**TIPP** Schreiben Sie die Buchstaben eines Wortes untereinander. Finden Sie Wörter zu einem Thema.

T rinkgeld
O ffen
U nterkunft
R undgang
I nteressieren
S ehenswürdigkeit
T axi

## 2 Welche Wörter möchten Sie noch lernen? Notieren Sie.

# Meine Lieblingsveranstaltung

KB 3 **1** **Welcher Begriff passt zu den Situationen? Hören Sie und nummerieren Sie.**

▶ 1 21

HÖREN

◯ Festival ◯ Vortrag ① Ermäßigung ◯ Theaterstück

KB 3 **2** **Was passt nicht? Streichen Sie das falsche Wort durch.**

WÖRTER

a Eintritt – ~~Star~~ – Ermäßigung – Kinokarte
b Theaterstück – Bühne – Kostüm – Ausstellung
c Künstler – Feuer – Kunst – Ausstellung
d Unterkunft – Vortrag – Diskussion – Veranstaltung

KB 4 **3** **Ordnen Sie zu.**

WIEDERHOLUNG STRUKTUREN

ab | am | am | am | für | in | nach | nach | ~~vor~~

Lieber Till,
ich schaffe es ________ (a) Freitag leider doch nicht. Können wir unser Treffen verschieben? Vor (b) dem Handballtraining habe ich noch einen Termin beim Zahnarzt. Und abends ________ (c) dem Training muss ich noch packen. Denn ________ (d) Samstag fahre ich ________ (e) zwei Wochen in den Urlaub. Und ________ (f) dem Urlaub bin ich dann geschäftlich in London. Ich kann also leider erst wieder ________ (g) drei Wochen. Vielleicht ________ (h) Dienstag so ________ (i) 20.00 Uhr? Wie sieht es bei Dir aus?
Liebe Grüße
Konrad

KB 4 **4** **Was passt? Ordnen Sie zu.**

STRUKTUREN

a Wie lange machst du Urlaub?
b Ab wann kommen deine Eltern zu Besuch?
c Seit wann lernst du Deutsch?
d Dein erster Konzertbesuch: Wie lange ist das her?
e Arbeitest du schon lange hier in der Firma?

Nein, erst seit letztem Mai.
Seit einem Jahr.
Vom 15. August an.
Vom 21. Mai bis zum 9. Juni.
Über 8 Jahre.

KB 4 **5** **Schreiben Sie Fragen wie in 4. Geben Sie Ihrer Partnerin / Ihrem Partner die Fragen. Sie/Er antwortet.**

Seit wann bist du verheiratet? Seit 3 Jahren.
Wie lange ________________________________?
Wann ________________________________?
Ab wann ________________________________?

KB 4

## 6 Ergänzen und vergleichen Sie.

STRUKTUREN

| | Deutsch | Englisch | Meine Sprache oder andere Sprachen |
|---|---|---|---|
| **Seit wann? / Zeitraum** | Ich lerne ________ einem Jahr Deutsch. | I have been learning german **for** one year. | |
| **Seit wann? / Zeitpunkt** | Ich wohne ________ 2012 in Madrid. | I have lived in Madrid **since** 2012. | |

KB 4

## 7 Was ist richtig? Kreuzen Sie an.

STRUKTUREN

■ Fährst du eigentlich dieses Jahr wieder nach Deutschland?
▲ Ja, ☒ in ○ vor (a) vier Monaten fahre ich nach Düsseldorf.
■ Und was machst du dort?
▲ Ich mache ○ seit ○ für (b) zwei Wochen einen Deutschkurs.
■ Warst du da nicht schon ○ im ○ am (c) letzten Jahr?
▲ Ja, das mache ich schon ○ vor ○ seit (d) drei Jahren jeden Sommer. Es macht großen Spaß. Vormittags haben wir Deutschunterricht und ○ über ○ nach (e) dem Unterricht gibt es noch ein interessantes Freizeitprogramm mit vielen Ausflügen und Veranstaltungen.
■ Klingt gut.
▲ Ja, ich kann dir mal einen Prospekt mitbringen. Und du? Fährst du dieses Jahr auch nach Deutschland?
■ Ja, ○ vor ○ seit (f) der Prüfung. Ich fahre nach Berlin.
▲ Toll. In Berlin war ich noch nie.
■ Ich war dort schon einmal, aber das ist schon ○ in ○ über (g) 10 Jahre her.

KB 4

## 8 Ordnen Sie zu. Hilfe finden Sie in 7.

für | ~~in~~ | nach | seit | über | vor

a **temporale Präpositionen + Dativ**
in, ________________ + einem Monat / einem Jahr / einer Woche / zwei Jahren

b **temporale Präpositionen + Akkusativ**
________________ + einen Monat / ein Jahr / eine Woche / zwei Jahre

KB 4

## 9 Ergänzen Sie.

STRUKTUREN

a ■ Wie lange wohnst du schon in der WG? ▲ Seit drei Jahren (3 Jahre).
b ■ Für wie lange möchtest du in Europa bleiben? ▲ Für ________________ (1 Jahr).
c ■ Wann beginnt dein Deutschkurs? ▲ In ________________ (1 Monat).
d ■ Wann hast du geheiratet? ▲ Vor ________________ (10 Jahre).
e ■ Wie lange dauert die mündliche Prüfung? ▲ Über ________________ (1 Stunde).
f ■ Wie lange ist die Ausstellung in Berlin?
▲ Vom ________________ bis ________________ (01.–31. Juli).
g ■ Ab wann studiert deine Freundin in Paris? ▲ Vom ________________ an (01. September).

KB 6 **10** **Ergänzen Sie.**

KOMMUNIKATION

ich etwas vorschlagen | Das machen wir | ~~Habt ihr einen Vorschlag~~ | Ich bin dagegen | treffen wir uns morgen | Was haltet ihr davon | Wie wäre es mit morgen

- ■ Wollen wir mit dem Deutschkurs nicht mal wieder eine Veranstaltung besuchen?
- ▲ Ja, gute Idee. Habt ihr einen Vorschlag?
- ● Wir können zu einer Lesung gehen.
- ■ Ach nein, das finde ich noch zu schwer. __________ (a).
- ■ Darf __________(b)? Wir können doch ins Kino gehen. Es läuft gerade der deutsche Film „Männerherzen" im Original mit Untertiteln.
- ▲ Einverstanden! __________ (c)?
- ■ Das finde ich super. Wann denn?
- ● Um 19 Uhr. __________ (d)?
- ▲ Ja, okay. __________ (e). Wollen wir zusammen hinfahren oder wollen wir uns vor dem Kino treffen?
- ■ Ich würde mich lieber direkt vor dem Kino verabreden. Ich wohne da in der Nähe.
- ▲ Okay, dann __________ (f) um 18.45 Uhr vor dem Kino. Ich bestelle die Eintrittskarten.

KB 7 **11** **Was ist richtig? Hören Sie und kreuzen Sie an.**

▶ 1 22

HÖREN

a Sandra fährt am übernächsten Wochenende ◯ nach London. ☒ nach Barcelona.
b Sie besucht ◯ einmal ◯ zweimal im Jahr zusammen mit alten Schulfreunden eine Stadt in Europa.
c ◯ Vor 6 Jahren ◯ Vor 8 Jahren waren sie in London.
d Sandra fährt ◯ das erste Mal ◯ das zweite Mal nach Barcelona.
e Das Sónar Festival ist ein berühmtes ◯ Musikfestival. ◯ Theaterfestival.
f Es findet immer ◯ im Sommer ◯ im Herbst statt.

## TRAINING: LESEN

### 1 Veranstaltungen

**Lesen Sie die Aufgaben a bis e und die Anzeigen 1 bis 6.**
**Welche Anzeige passt zu welcher Situation?**
**Für eine Situation gibt es keine passende Anzeige. Schreiben Sie hier den Buchstaben X.**

a Sie gehen oft ins Stadtmuseum und finden den Eintritt zu teuer.
b Sie möchten eine Stadtführung machen.
c Sie möchten Karneval feiern.
d Sie möchten wissen: Welche Veranstaltungen finden in den Museen statt?
e Sie finden Veranstaltungen über Kunst interessant. Denn Sie möchten mehr über Kunst wissen.

TIPP
Lesen Sie zuerst die Situationen genau. Markieren Sie wichtige Wörter wie z. B. „Stadtmuseum", „Eintritt". Suchen Sie dann die passenden Anzeigen.

| **Situation** | a | b | c | d | e |
|---|---|---|---|---|---|
| **Anzeige** | 6 | | | | |

1
ROSENMONTAG
Karnevalsparty
ab 21.00 Uhr
mit Kostüm ist der Eintritt frei
Nachtcafé

2
*Swing Tanzparty*
20.00 Uhr
im Festspielhaus
Eintritt: 5 Euro

3
KUNST DER MODERNE
*Vortrag mit Diskussion*
*Karten unter 0871/2331907*
*Studentenermäßigung*

4
Meine Stadt
Die Arbeiten von verschiedenen Künstlern kann man bis 3. März von 16 – 19 Uhr besichtigen
GALERIE MODERN

5
Museumsportal
Dresden
www.museen.de
Museen
Führungen
Veranstaltungen

6
Stadtmuseum
Kaufen Sie eine Jahreskarte!
Dafür ein Jahr keinen Eintritt
und kostenlose Führungen
und Veranstaltungen
Info unter Tel. 013 / 234590
und an der Kasse

AUSSPRACHE – AUSSPRACHE – f

## TRAINING: AUSSPRACHE *„f", „v" und „w"*

▶ 1 23
### 1 Hören Sie und sprechen Sie nach.

a Feuer – Fest – fantastisch
b Vortrag – Veranstaltung – verabreden
c Karneval – Event – Video
d Schweiz – weltweit – Wissenschaft

### 2 Kreuzen Sie an.

REGEL
In deutschen Wörtern spricht man „v" normalerweise wie ○ „f". ○ „w".
In Wörtern aus anderen Sprachen (z. B. Latein, Französisch, Englisch) spricht man „v" wie ○ „f". ○ „w".

▶ 1 24
### 3 Hören Sie und sprechen Sie dann.

**Kieler Woche**
ein Segelsport-Event
mit Windjammerparade
Willst du mit?
Ja, gern, ja, gern, da freu ich mich.

Frauenfeld
ein Hip-Hop-Fest
mit den Fantastischen Vier
Wie wär's damit?
Okay, okay, das machen wir.

# TEST

WÖRTER

## 1 Bilden Sie Wörter und ordnen Sie zu.

Eintritts | ~~lung~~ | Ermä | sionen | ler | Veran | Künst | karte | ßigung | Kunst | Diskus | staltungen | ~~Ausstel~~

■ Kennst du die „documenta“?
▲ Ja, das ist eine bekannte Ausstellung (a) für moderne ____________ (b) in Kassel. Sie dauert 100 Tage. Und es gibt viele ____________ (c), wie zum Beispiel Filme, Konzerte, Vorträge oder ____________ (d). Dort kannst du auch die ____________ (e) treffen.
■ Toll, das möchte ich sehen. Was kostet eine ____________ (f)?
▲ Ungefähr 20 Euro, aber du bist doch Student, da bekommst du eine ____________ (g).

_ / 6 PUNKTE

STRUKTUREN

## 2 Ergänzen Sie *von ... an, von ... bis, seit.*

a Die „documenta“ findet alle fünf Jahre von Juli bis September statt. (Juli – September)
b Meine Kollegin ist ____________ krank. (Mittwoch)
c Mein Nachbar will ____________ nicht mehr rauchen. (Januar)
d Ich brauche das Auto ____________. (Dienstag – Sonntag)
e Wir leben ____________ in Deutschland. (Februar 1989)
f Ich kaufe mir im Dezember noch eine Fahrkarte. ____________ kostet sie mehr. (Januar)

_ / 5 PUNKTE

KOMMUNIKATION

## 3 Ordnen Sie zu.

etwas vorschlagen | hältst du davon | das passt | treffen wir uns | vielleicht mitkommen | eine gute Idee | nicht so gut

■ Hallo Anna, ich fahre am Mittwoch mit Tom zur „documenta“. Möchtest du ____________ (a)?
▲ Sehr gerne. Fahrt ihr mit dem Zug?
■ Tom will mit dem Auto fahren. Das finde ich aber ____________ (b).
▲ Darf ich ____________ (c)? Mit dem Zug ist es viel billiger. Dann können wir ein Gruppen-Ticket kaufen.
■ Das ist ____________ (d). Ich glaube, das ist auch für Tom in Ordnung. Warte einen Moment, ich schau schnell im Internet. Hier ist ein Zug um 6.50 Uhr. Was ____________ (e)?
▲ Einverstanden, aber dann muss ich sehr früh aufstehen.
■ Dann ____________ (f) am Gleis 5.
▲ Okay, ____________ (g). Bis Mittwoch.

_ / 7 PUNKTE

| Wörter | | Strukturen | | Kommunikation | |
|---|---|---|---|---|---|
| ● | 0–3 Punkte | ● | 0–2 Punkte | ● | 0–3 Punkte |
| ● | 4 Punkte | ● | 3 Punkte | ● | 4–5 Punkte |
| ● | 5–6 Punkte | ● | 4–5 Punkte | ● | 6–7 Punkte |

www.hueber.de/menschen

# LERNWORTSCHATZ

## 1 Wie heißen die Wörter in Ihrer Sprache? Übersetzen Sie.

**Veranstaltungen**
Bühne die, -n
Diskussion die, -en
Eintritt der
Ermäßigung die, -en
CH: auch: Reduktion die, -en
Festival das, -s
Karte die, -n
Eintrittskarte
CH: Billett das, -e
Kinokarte
Kostüm das, -e
Kunst die, ¨-e
Künstler der, -
Veranstaltung die, -en
Vortrag der, ¨-e

erleben, hat erlebt
statt·finden, hat stattgefunden
zahlen, hat gezahlt

spannend

**Verabredungen**
Vorschlag der, ¨-e

aus·machen, hat ausgemacht
CH: ab·machen, hat abgemacht (einen Termin abmachen)
halten von, du hältst von, er hält von, hat gehalten
hin
hin·fahren, du fährst hin, er fährt hin, ist hingefahren
lassen, du lässt, er lässt, hat gelassen
lass uns …
mit·kommen, ist mitgekommen
verabreden (sich), hat sich verabredet
CH: auch: ab·machen, hat abgemacht
vor·schlagen, du schlägst vor, er schlägt vor, hat vorgeschlagen

prima
A: super, toll

**Zeiträume**
über
vom … bis zum …
von … an

**Weitere wichtige Wörter**
Feuer das, -
Mal das, -e
das erste Mal
da
dort
genau
mal
ziemlich
zusammen

TIPP
Schreiben Sie wichtige Sätze auf und hängen Sie die Sätze in Ihrer Wohnung auf. Üben Sie.

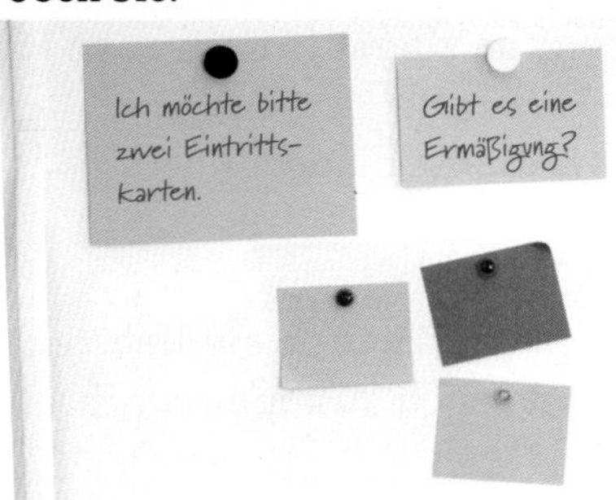

Ich möchte bitte zwei Eintrittskarten.
Gibt es eine Ermäßigung?

## 2 Welche Wörter möchten Sie noch lernen? Notieren Sie.

# WIEDERHOLUNGSSTATION: WORTSCHATZ

## 1 Lösen Sie das Rätsel und finden Sie das Lösungswort.

a Die Milch hat nur 1,5 % Fett, sie ist ... _ _ _ _ _ _ _ (7)

b Hier schreibe ich auf: Das muss ich einkaufen. _ _ _ _ _ _ _ _ _ _ _ _ _ _ (2)

c Ein Kilo sind zwei ... _ _ _ _ _ (3)

d Es ist weiß. Man macht es aus Milch. _ _ _ _ _ (9)

e Man isst es zum Frühstück mit Brot, es ist aus Obst. _ _ _ _ _ _ _ _ _ (5)

f Gegenteil von „satt". _ _ _ _ _ _ _ (8)

g Cola gibt es in der Flasche oder in der ... _ _ _ _ (4)

h Ein Getränk, zum Beispiel aus Äpfeln oder Birnen. _ _ _ _ (10)

i Das brauchen Bäcker für das Brot. _ _ _ _ (6)

j So nennt man Tomaten, Bohnen, Paprika, Zwiebeln ... _ _ _ _ _ _ (1)

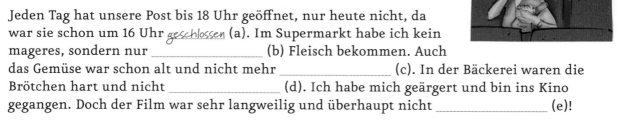

*Lösungswort:*

_ _ _ _ R _ _ _ _ _
1 2 3 4 5 6 7 8 9 10

## 2 Was für ein Tag! Ergänzen Sie das Gegenteil.

Jeden Tag hat unsere Post bis 18 Uhr geöffnet, nur heute nicht, da war sie schon um 16 Uhr geschlossen (a). Im Supermarkt habe ich kein mageres, sondern nur ____________ (b) Fleisch bekommen. Auch das Gemüse war schon alt und nicht mehr ____________ (c). In der Bäckerei waren die Brötchen hart und nicht ____________ (d). Ich habe mich geärgert und bin ins Kino gegangen. Doch der Film war sehr langweilig und überhaupt nicht ____________ (e)!

## 3 Pläne für die Ferien. Ordnen Sie zu.

Reiseführer | ~~Club~~ | Trinkgeld | Kunst | Touristen | Unterkunft | Sehenswürdigkeiten

■ Hallo Julia. Was machst du nach den Prüfungen? Studierst du?

▲ Später. Ich gehe zuerst für ein paar Monate ins Ausland. Ich habe einen Job in einem Club (a) in Portugal.

■ Toll! Was verdienst du dort?

▲ Nicht so viel, aber die ____________ (b) ist kostenlos und ich bekomme hoffentlich viel ____________ (c).

■ Das klingt gut. Ich würde am liebsten mitkommen.

▲ Oh ja, lass uns doch zusammen hinfahren! Dort suchen sie auch ____________ (d). Du hast doch ____________ (e) studiert.

■ Den ____________ (f) die ____________ (g) zeigen? Das würde ich gerne machen. Kannst du mir die Adresse geben? Dann bewerbe ich mich gleich.

▲ Ich hoffe, es klappt!

# WIEDERHOLUNGSSTATION: GRAMMATIK

## 1 Quiz: Kennen Sie Deutschland, Österreich und die Schweiz?

**Ergänzen Sie die Adjektivendungen und beantworten Sie dann die Fragen.**

a Wo steht der berühmte Dom mit dem bunten Dach? Wien

b In welcher Stadt steht das bekannt__ Grossmünster mit den zwei groß__ Türmen? ____________

c Kennen Sie das berühmt____ Schloss von König Ludwig II? Wie heißt es? ____________

d Wo steht das bunt____ Haus von Friedensreich Hundertwasser? ____________

Der Künstler hat auch in anderen Städten bunt____ Häuser gebaut.

e Albert Einstein hat an einer berühmt____ Universität studiert. Wo ist sie? ____________

f Haben Sie in Berlin schon einmal in einem groß____ schick____ Hotel übernachtet? Eines steht in der Nähe vom Brandenburger Tor? Wie heißt es? ____________

g In welcher Stadt können Sie einen 368 Meter hoh____ Fernsehturm besichtigen? ____________

h In welcher Stadt kann man bei einer Hafenrundfahrt groß____ Containerschiffe und die neu____ Hafencity sehen? ____________

i In welcher Stadt findet am erste___ Januar das berühmt___ Neujahrskonzert statt? ____________

j Kennen Sie den 536 Quadratkilometer groß______ See? Er liegt zwischen Deutschland Österreich und der Schweiz. ____________

Lösung:
b Zürich c Schloss Neuschwanstein d Wien e Zürich (ETH = Eidgenössische Technische Hochschule Zürich) f Hotel Adlon g Berlin h Hamburg i Wien j Bodensee

## 2 Ordnen Sie zu.

am | seit | über | ~~vom … bis zum~~ | von … bis | vom … an

a

Wir sind vom 1. Juli bis zum 15. Juli in Urlaub. ________ 16. Juli ________ haben wir wieder täglich ________ 9.00 ________ 17.00 Uhr für Sie geöffnet.

b

________ 10 Jahren sind wir in unserem Reisebüro in der Winterstraße für Sie da. Das wollen wir ________ 15. Mai mit Ihnen feiern. Kommen Sie zu uns. Tolle Angebote warten auf Sie.

c

________ 2 Wochen Wartezeit für einen Termin bei Ihrem Friseur? Bei uns brauchen Sie keinen Termin. Kommen Sie einfach vorbei.

# SELBSTEINSCHÄTZUNG Das kann ich!

## Ich kann jetzt …

**… beim Einkaufen sagen, was ich möchte:** L04

■ Was darf es sein?
▲ Ich h_________ gern einen milden Käse.
■ Ja, gern. Wie viel darf es sein?
▲ G_______________ Sie mir ________ 200 Gramm.
■ Darf es noch etwas sein?
▲ Nein, _________________. Das ist _________.

**… Vorlieben äußern:** L04

■ Ich habe dir eine kleine Portion Rührei bestellt.
▲ Aber ich ____________ gar kein Rührei. Ich ___________ ___________ ein weich gekochtes Ei.

**… Vorschläge machen / mich verabreden:** L05 / L06

_______________ wir zuerst den berühmten Dom be_____________________?
Die berühmten Fenster sind wirklich sehens___________.
Danach k____________ wir eine Schifffahrt auf dem Rhein ___________.
______ _________ bestimmt lustig.
Was d_________ ihr?

Ich fahre in die Schweiz. M__________ du vielleicht mit_____________________?
L_________ u________ doch zusammen fahren.
Was ___________ du davon?
D________ ich etwas vor______________________?
W______ w___________ es denn mit dem nächsten Wochenende?
W____________ wir noch einen Treffpunkt aus_______________?

**… Vorschläge ablehnen / Gegenvorschläge machen:** L05 / L06

Ich bin ______________. Das ist doch langweilig.
Ich ___________ das nicht so gut.
W__________ wir nicht zuerst ins Museum gehen?
Also, ich _________ nicht. Das finde ich nicht so interessant.

**… zustimmen / mich einigen:** L05 / L06

Ja, das ist eine g________ I_________! / Ein_______________________!
Okay, das ______________ wir. / Ja okay, das p__________ auch.

## Ich kenne …

**… 10 Lebensmittel:** L04

Das esse ich gern:

______________________________________________

Das esse ich nicht so gern:

______________________________________________

**… 5 Verpackungen und Gewichte:** L04

______________________________________________

**… 10 Wörter zum Thema „Tourismus“:** L05

______________________________________________

# SELBSTEINSCHÄTZUNG Das kann ich!

**... 8 Wörter zum Thema „Veranstaltungen“:** L06 ○ ○ ○

Das finde ich interessant: ____________________

____________________

Das finde ich nicht so interessant: ____________________

____________________

**Ich kann auch ...**

**... Nomen näher beschreiben (Adjektive nach indefinitem und definitem Artikel):** L04 / L05 ○ ○ ○

▲ Ich hätte gern einen mager______ Schinken.
■ Soll es ein roh______ oder ein gekocht______ Schinken sein?

Der berühmt______ Dom ist wirklich sehr sehenswert.
Wir haben dem nett______ Reiseführer ein Loch in den Bauch gefragt.

**... einen Zeitraum angeben (Temporale Präpositionen *von ... an, von ... bis, seit, über*):** L06 ○ ○ ○

__________ 8. __________ 10. Juli bin ich auf dem Openair Frauenfeld.
Es findet __________ vielen Jahr_____ immer im Sommer statt.

**Üben / Wiederholen möchte ich noch ...**

____________________

## RÜCKBLICK

**Wählen Sie eine Aufgabe zu Lektion 4** ____________________

**1 Sie gehen mit Ihren Freunden frühstücken. Sehen Sie noch einmal im Kursbuch auf Seite 28 (Aufgabe 9) die Frühstückskarte an.**
**Was würden Sie für Ihre Freunde und für sich selbst bestellen? Notieren Sie.**

| | Essen | Getränke |
|---|---|---|
| Ihre Freundin lebt gesund. | | einen frisch gepressten Orangensaft |
| Ihr Freund hat morgens immer sehr viel Hunger. | | |
| Sie | | |

**2 Mein perfektes Frühstück am Wochenende.**

**a** Machen Sie zuerst Notizen.

Wo? zu Hause / im Café ...
Wann? ____________________
Mit wem? ____________________
Was essen/trinken Sie? ____________________

**b** Schreiben Sie dann einen Beitrag in einem Forum.

Wie frühstücken Sie gern am Wochenende?
Ich schlafe lange. Dann gehe ich in ein Café.
Am Wochenende frühstücke ich gern im Café ...

# RÜCKBLICK

## Wählen Sie eine Aufgabe zu Lektion 5

### 1 Ein Wochenende in Köln

**Sehen Sie noch einmal im Kursbuch auf Seite 30/31 die Texte und Fotos an. Planen Sie Ihr persönliches Wochenende in Köln. Ergänzen Sie den Terminkalender.**

| | Samstag | Sonntag |
|---|---|---|
| Vormittag | | |
| Nachmittag | einkaufen gehen | an der alten Stadtmauer spazieren gehen |
| Abend | | abfahren |

### 2 Eine Stadt in Deutschland, Österreich oder in der Schweiz

**Suchen Sie Fotos von Sehenswürdigkeiten einer interessanten Stadt.**
**Schreiben Sie Kommentare zu den Fotos:**
**Was gefällt Ihnen besonders?**
**Wo möchten Sie gern am Abend sein? …**

Den berühmten Stephansdom finde ich toll.

## Wählen Sie eine Aufgabe zu Lektion 6

### 1 Wählen Sie eine Veranstaltung im Kursbuch auf Seite 34 (Aufgabe 3) und verabreden Sie sich mit einer Freundin / einem Freund.

■ Willst du zu Ars Electronica mitkommen? Du hast doch gesagt, das würde dich interessieren.
▲ Also, ich weiß nicht …

### 2 Welche Veranstaltung haben Sie zuletzt besucht? Schreiben Sie einen Text wie im Kursbuch auf Seite 34 (Aufgabe 3). Machen Sie zunächst Notizen zu folgenden Fragen.

Auf welcher Veranstaltung waren Sie?
Was für eine Veranstaltung ist das?
Was haben Sie gemacht/gesehen/erlebt?
Was hat Ihnen besonders gut gefallen?
Was war nicht so toll?

## NUR WIR FÜNF

### Teil 2: Ich habe schon alles gesehen.

Drei Monate später in Berlin …

„Noch einen Kaffee?“, fragt der Kellner.

„Nein, danke.“

Max lächelt zufrieden, die letzten drei Tage waren super. Bernd ist auch zufrieden, er surft im Internet und trinkt schon den dritten Milchkaffee.

Die Croissants schmecken gut, die Sonne scheint.

Alle sind zufrieden. Nur Mara …

„Mir tut alles weh“, sagt sie. „Drei Tage mit dem Rad fahren – das war hart.“

„Du musst eben mehr Sport machen. Mir geht es gut“, sagt Max.

„Du bist ja auch Fitnesstrainer. Dir muss es gut gehen …“

Die Freunde sitzen in einem Café am Pariser Platz beim Brandenburger Tor in Berlin und planen die nächsten Tage.

„Zuerst gehen wir mal richtig shoppen. Das habe ich verdient.“

„Nein, ich will ins Museum.“

„Nein, in Berlin ist gerade eine große Computermesse. Da will ich unbedingt hin.“

‚Oh nein, nicht schon wieder die gleiche Diskussion …!‘, denkt Ralf. „Los, Leute, steht auf! Jetzt machen wir erst mal einen Spaziergang durch die Stadt.“

„Habe ich schon gemacht“, sagt Bernd.

„Unsinn, du warst die ganze Zeit bei uns.“

Bernd zeigt auf sein Notebook: „Ist alles da drin.“

„Wie – da drin?“ fragt Max.

„Ich habe mir schon alles angesehen: den Potsdamer Platz, den Reichstag, die Oper, den Alexanderplatz, Schloss Charlottenburg, die Mauer … Ich bleibe hier und trinke noch einen Caffè Latte. Und später gehe ich ins Museum.“

Ina freut sich: „Super! In welches willst du gehen?“

„Hmm … Zuerst vielleicht ins Bode-Museum …“

„Auf der Museumsinsel[1]. Sehr gut, da komme ich mit.“

„Dann in die Neue Nationalgalerie, in die Dalí-Ausstellung und in die Gemäldegalerie.“

„Bist du verrückt?“, fragt Max. „Das dauert doch den ganzen Tag.“

„Ach was, in einer Stunde bin ich fertig.“

„Wie soll das denn funktionieren?“

„Ist alles da drin“, sagt Bernd und zeigt wieder auf sein Notebook.

Dann ruft er den Kellner: „Noch einen Caffè Latte …“

„Oh nein, wir machen etwas gemeinsam!“, sagt Ina. „Das ist unser gemeinsamer Urlaub. Wir gehen jetzt alle ins Bode-Museum.“

„Also ich, ich gehe …“, fängt Mara an.

„Du kommst auch mit! Heute sage ich, was wir machen. Morgen einer von euch. Jeden Tag ein anderer.“

„Das ist eine gute Idee“, sagt Ralf.

„Ja, das ist fair“, meint auch Max.

„Fair … mir tun die Füße weh!“

„Los, auf ins Museum … Nein danke, der junge Mann mit dem Computer trinkt keinen Milchkaffee mehr.

Zahlen, bitte!“

1: Insel in der Spree im Zentrum von Berlin. Dort gibt es verschiedene Museen, u.a. das Bode-Museum.

# Wir könnten montags joggen gehen.

KB 3 **1** **Ordnen Sie zu.**

Strukturen

~~seit~~ | über | vom ... an | vom ... bis | zwischen | zwischen

a ■ Seit wann hast du kein Auto mehr? ● Seit vier Monaten.

b ■ Wann stehst du auf? ● Erst so ______ halb sieben und sieben Uhr.

c ■ Wie lange fährst du zur Arbeit? ● ______ 40 Minuten.

d ■ Ab wann fährst du wieder mit dem Fahrrad? ● ______ ersten März ______.

e ■ Wie lange ist das Schwimmbad geschlossen? ● ______ 2. ______ 16. März.

f ■ Wann machst du immer Mittagspause? ● ______ 12.00 und 13.00 Uhr.

KB 3 **2** **Im neuen Jahr wird alles anders. Wie kann man noch sagen? Ergänzen Sie.**

Strukturen

a Ich gehe abends (jeden Abend) nicht mehr so spät ins Bett und dann stehe ich ______ (jeden Morgen) pünktlich auf.

b Ich wiege zu viel und möchte ein paar Kilo abnehmen, deshalb esse ich ______ (jeden Nachmittag) keinen Kuchen mehr.

c Ich will wieder mehr Sport machen. ______ (jeden Dienstag) und ______ (jeden Donnerstag) laufe ich ab jetzt im Park.

KB 3 **3** **Welches Bild passt? Ordnen Sie zu.** Ⓐ Ⓑ Ⓒ

Strukturen

1 Ihr solltet jeden Tag eine halbe Stunde laufen. Ihr könntet aber auch Rad fahren oder schwimmen. Ⓒ
2 Wir könnten nach Italien an den Gardasee fahren. ◯
3 Sie müssen abnehmen. Sie sollten auf Ihre Ernährung achten. ◯
4 Dort könntest du segeln und surfen. Und ich könnte in den Bergen wandern. ◯
5 Und Michelle, du solltest noch nicht wieder trainieren. Warte lieber, bis du keine Schmerzen mehr hast! ◯
6 Sie könnten bei einer Laufgruppe mitmachen. Da nimmt man schneller ab. ◯

KB 3 **4** **Markieren Sie *können* und *sollen* in 3 und ergänzen Sie die Tabelle.**

Strukturen entdecken

| | können | sollen |
|---|---|---|
| ich | | sollte |
| du | | |
| er/sie | könnte | sollte |
| wir | | sollten |
| ihr | | solltet |
| sie/Sie | | |

# BASISTRAINING

KB 3 **5** **Sortieren Sie die Sätze.**

Strukturen

a Am Abend vor den Spielen solltet ihr euch ausruhen.
(ausruhen – euch – ihr – solltet)

b Schau mal, ______________________.
(wir – auch einen Tauchkurs – könnten – machen)

c Abends ______________________.
(essen – sollten – keine Nudeln mehr – Sie)

d Ab nächsten Monat ______________________.
(kommen – könntet – ihr – freitags auch zum Lauftraining)

e Sie ______________________.
(regelmäßig Sport – machen – sollten)

KB 5 **6** **Welche Sportarten passen? Bilden Sie Wörter und ordnen Sie zu.**

Wörter

~~asbelltbak~~ | danhalbl | egichwt beehn | ovlellbyla | iftessntrninaig | uodj | adbinmnot | agoy | olgf | ygiknasmt | tichsteisnn | iesocheky | walkne | uqaa-sitsnfe | nuderr

a Für diese Sportarten braucht man eine Mannschaft: Basketball, ______________________

b Für diese Sportarten braucht man unbedingt einen Partner: ______________________

c Diese Sportarten kann man auch alleine machen: ______________________

KB 6 **7** **Ordnen Sie zu.**

Kommunikation

Sie sollten | ~~Du könntest~~ | Du könntest | An deiner Stelle würde | Wie wäre es mit

a ■ Was soll ich denn heute Abend kochen? ● Du könntest mal wieder eine Gemüsesuppe machen.

b ■ Ich habe oft starke Halsschmerzen. Hast du einen Tipp für mich?
● ______________ ich Salbeitabletten nehmen.

c ■ Ich muss unbedingt wieder mehr für meine Gesundheit tun. Wollen wir zusammen Sport machen? ● Gute Idee! ______________ Aqua-Fitness?

d ■ Mein Mann schläft nachts immer so schlecht. Was würden Sie ihm empfehlen?
● ______________ ihm diesen Tee geben.

e ■ Ich würde gern etwas an der frischen Luft machen. Kannst du mir eine Sportart empfehlen? ● ______________ joggen gehen.

KB 8 **8** **Alster Turn- und Sportverein**

LESEN

**a Welches Angebot aus dem Programm passt? Lesen und notieren Sie.**

| Alster Turn- und Sportverein | | | | |
|---|---|---|---|---|
| | | Trainingszeiten | Ort | TrainerIn |
| Fitnesstraining | mit Musik | Mo 18:00 – 19:00 | Sporthalle Rabenstraße | Marina Kordes |
| Yoga | | Do 18:00 – 20:00 | Sporthalle am Ring | Inken de Veer |
| Aqua-Fitness | Bauch, Beine, Rücken, Po | Mi 18:00 – 19:00 | Alsterschwimmhalle | Lena Harms |
| Fußball | für Männer | Di 18:30 – 20:00<br>Punktspiele am Wochenende | Sportplatz am Ring | Sven Hansen |
| Handball | für Frauen | Mo 19:00 – 20:00<br>Mi 19:00 – 20:00<br>Punktspiele am Wochenende | Sporthalle am Ring | Sofie Stoll |
| Tanzen | Swing<br>Standard | Di 18:30 – 20:00<br>Fr 18:30 – 20:00 | Sporthalle Rabenstraße | Silke Maas & Kai Kolbe |
| Laufen | | Mo 19:30 – 20:30<br>Mi 19:30 – 20:30 | Rund um die Alster<br>Treffpunkt: Rabenstraße | Meike Wilkens |
| Rudern | Anfänger<br>Fortgeschrittene | Di 18:00 – 20:00<br>Do 18:00 – 20:00<br>Wettkämpfe am Wochenende | ATSV-Steg Rabenstraße | Jonas Kling, Pia Jakobi |

1 Pedro ist ziemlich fit und möchte mit anderen zusammen Sport machen. Er hat auch am Wochenende Zeit und kann an Wettkämpfen teilnehmen. Von Ballspielen hält er nichts. *Rudern*

2 Samira ist nicht besonders fit. Früher hat sie gern Gymnastik gemacht. Aber jetzt hat sie schon lange keinen Sport gemacht und möchte etwas für ihre Gesundheit tun. Sie möchte nicht draußen trainieren. Sie hat selten Zeit. Am besten passt ihr der Donnerstag. ______

3 Urs ist unzufrieden mit seinem Gewicht. Er möchte mindestens fünf Kilo abnehmen, aber auf keinen Fall eine Diät machen. Er würde gern joggen, alleine macht ihm das aber keinen Spaß. ______

4 Chiara möchte einen Mannschaftssport machen. Zeitlich ist sie flexibel. Fußball und Rudern findet sie uninteressant. ______

KOMMUNIKATION

**b Was würden Sie den vier Personen sagen? Notieren Sie passende Ratschläge.**

*1 Pedro, du könntest am Dienstagabend rudern gehen. 2 Samira, du …*

KB 8 **9** **Schreiben Sie drei Aufgaben wie im Beispiel. Ihre Partnerin / Ihr Partner empfiehlt eine passende Sportart aus dem Programm in 8a.**

*Maria möchte mit ihrem Freund zusammen Sport machen. Die beiden haben nur am Freitag Zeit.*

Sie könnten/sollten …

# TRAINING: SPRECHEN

**7**

## 1 Ratschläge geben. Schreiben Sie Probleme auf Kärtchen.

*Ich bin nicht fit. Aber ich habe keine Zeit für Sport.*

*Ich bin nervös und kann nicht gut schlafen.*

## 2 Schreiben Sie vier Ratschläge zu den Problemen in 1.

*Fahr doch mit dem Fahrrad zur Arbeit.*
*Du könntest ...*
*Du solltest ...*
*An deiner Stelle würde ich ...*
*...*

> **TIPP**
> Ratschläge beginnen oft mit *Du solltest ... / Du könntest ... / An deiner Stelle würde ich ...* oder z. B. mit *Mach ... / Nimm ...* Schreiben Sie verschiedene Ratschläge mit diesen Satzanfängen auf. So können Sie vor dem Sprechen üben.

## 3 Arbeiten Sie zu dritt. Fragen Sie Ihre Partnerinnen / Ihre Partner. Sie geben Ihnen Tipps.

A: Ich bin immer so nervös und kann nicht gut schlafen. Was würdet ihr mir empfehlen?

B: An deiner Stelle würde ich weniger Kaffee trinken.

C: Mach doch Yoga.

# TRAINING: AUSSPRACHE „ch"

▶ 1 25 **1 Hören Sie und markieren Sie blau („ch" wie in „ach") und grün („ch" wie in „ich").**

a ach – ich
b auch – euch
c mach – mich
d doch – dich
e macht – möchte
f nachts – nichts

▶ 1 26 **Hören Sie noch einmal und sprechen Sie nach.**

## 2 Ergänzen Sie die Regel.

> **REGEL**
> ich | ach
> Nach a, o, u und au klingt „ch" wie in ________.
> Nach e, i, ä, ö, ü, ei und eu/äu klingt „ch" wie in ________.

▶ 1 27 **3 Hören Sie das Gespräch und sprechen Sie dann.**

■ Ich achte auf mich.
Ich hebe Gewichte:
mittwochs und am Wochenende,
nachmittags und nachts.

▲ Ach ja? Ich mache nachts nichts.

● Das macht doch nichts. Ich auch nicht.
Nachts möchte ich schlafen.

# TEST

WÖRTER

## 1 Fit und gesund. Ordnen Sie zu.

wiege | teilnehmen | öffnen | ~~trainiere~~ | hebe | abnehmen | empfehlen

- Ich *trainiere* (a) jede Woche. Ich ______________ (b) Gewichte.
- Ich muss unbedingt ______________ (c), ich ______________ (d) jetzt schon über 75 Kilo.
- Da kann ich dir die Judostunden in meinem Fitnessclub ______________ (e). Du kannst auch vor der Arbeit trainieren. Sie ______________ (f) schon um 6.30 Uhr.
- Judo? Super! Das hat mir früher schon total Spaß gemacht. Ich würde auch gern wieder an Wettkämpfen ______________ (g).

_ / 6 PUNKTE

STRUKTUREN

## 2 Ergänzen Sie *seit, über, von … an, von … bis, zwischen*.

a Sie waren *über* zwei Stunden an der frischen Luft.
b ___________ Mai ___________ findet das Training draußen statt.
c ___________ Ende Mai ___________ Mitte Juni haben wir geschlossen.
d Er holt die Kinder ___________ Viertel vor vier und vier vom Schwimmtraining ab.
e Sie trainiert ___________ fünf Monaten für den Wettkampf.

_ / 4 PUNKTE

STRUKTUREN

## 3 Ratschläge von Frau Dr. Berg. Ergänzen Sie die Endungen.

| | |
|---|---|
| *Leser B:* | Hilfe, ich bin so dick! Soll*te* (a) ich eine Diät machen? |
| *Frau Dr. Berg:* | Eine Diät ist nicht so gut, aber Sie soll_____ (b) auf Ihre Ernährung achten. |
| *Leserin E:* | Mein Mann soll_____ (c) fünf Kilo abnehmen. Er macht aber nicht gern Sport. |
| *Frau Dr. Berg:* | Er könn_____ (d) mit Freunden trainieren. In der Gruppe macht Sport mehr Spaß. |
| *Leser Z:* | Ich bin 11 und will Eishockey spielen. Ist die Sportart gefährlich? |
| *Frau Dr. Berg:* | Du soll_____ (e) mit deinen Eltern sprechen, ihr könn_____ (f) einen Termin in einem Verein ausmachen. |

_ / 5 PUNKTE

KOMMUNIKATION

## 4 Ergänzen Sie das Gespräch.

wie wäre | Sie könnten | möchte gern | könnte er | würden Sie uns

- Unser Sohn ________________________ (a) Eishockey lernen. Gibt es auch Kurse für Kinder? Was ________________________ (b) empfehlen?
- Das ist eine tolle Sportart für Kinder. Am besten kommen Sie einmal zu einem Training, ________________________ (c) es mit nächstem Mittwoch, 17 Uhr? Da ________________________ (d) gleich mitmachen. Ganz wichtig ist ein Helm. Aber ________________________ (e) die Ausrüstung auch leihen.

_ / 5 PUNKTE

| Wörter | | Strukturen | | Kommunikation | |
|---|---|---|---|---|---|
| ● | 0–3 Punkte | ● | 0–4 Punkte | ● | 0–2 Punkte |
| ● | 4 Punkte | ● | 5–7 Punkte | ● | 3 Punkte |
| ● | 5–6 Punkte | ● | 8–9 Punkte | ● | 4–5 Punkte |

www.hueber.de/menschen

## LERNWORTSCHATZ

7

### 1 Wie heißen die Wörter in Ihrer Sprache? Übersetzen Sie.

**Gesundheit und Fitness**

Art die, -en ______
Sportart ______
Diät die, -en ______
Gesundheit die ______
Gewicht das, -e ______
Training das, -s ______

ab·nehmen,
du nimmst ab,
er nimmt ab,
hat abgenommen ______
aus·ruhen (sich),
hat sich ausgeruht ______
trainieren,
hat trainiert ______
wiegen,
hat gewogen ______

fit ______
frisch ______
frische Luft ______
regelmäßig ______
selten ______
mindestens ______

**Weitere wichtige Wörter**

Golf das ______
Nudel die, -n ______
Post die ______
Stelle die, -n ______
an deiner/
Ihrer Stelle ______
Verein der, -e ______

empfehlen,
du empfiehlst,
er empfiehlt,
hat empfohlen ______
leihen,
hat geliehen ______
öffnen,
hat geöffnet ______
teil·nehmen,
du nimmst teil,
er nimmt teil,
hat teilgenommen ______

circa ______
früh ______
morgens ______
vormittags ______
mittags ______
nachmittags ______
abends ______
nachts ______

montags ______
dienstags ______
mittwochs ______
donnerstags ______
freitags ______
samstags ______
sonntags ______

andere ______
zwischen ______
zwischen sieben
und Viertel nach
sieben ______

**TIPP** Schreiben Sie einen Lückentext mit neuen Wörtern. Ergänzen Sie die Lücken.

F__t mit Hund!
Mein Hund heißt Willi. Wir sind r e __ __ __m __ __i g an der
f__i__ __ __en L__ __t, mo r__e__s, m i__ __a g__ und
a b e__ d s. Das ist das perfekte T__ __ __ n __ __ g. Ich bin nie krank.

### 2 Welche Wörter möchten Sie noch lernen? Notieren Sie.

______

# Hoffentlich ist es nicht das Herz!

KB 3 **1 Ergänzen Sie das Rätsel.**

WÖRTER

a  b  c 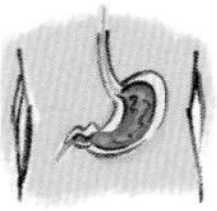 d 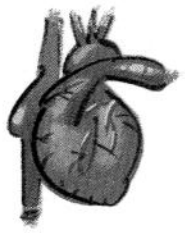 e  f  g  h 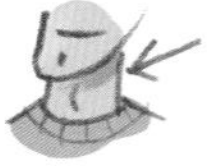 i

Lösungswort: K ö ... F

| | | a | | | | |
|---|---|---|---|---|---|---|
| | | b | | | | F |
| | c | | | | | |
| | | d | | | | |
| e | | | | | | |
| f | | | | | | |
| | | g | | | | |
| | | h | | | | |
| | i | | | | | |

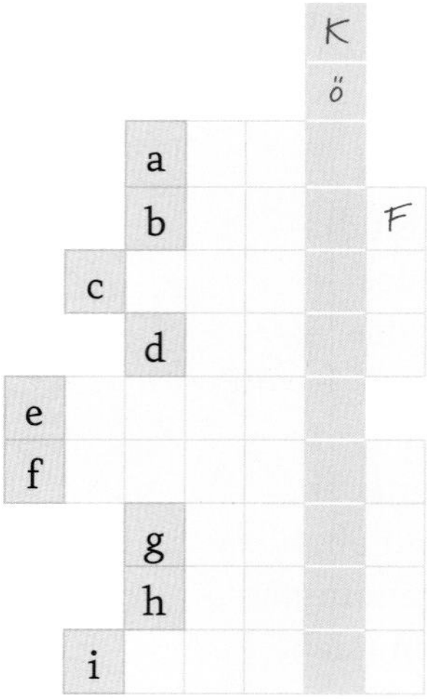

KB 3 **2 Ordnen Sie zu.**

WÖRTER

Sorgen | ~~Untersuchung~~ | Krankheiten | Sprechstunde | Notfall | Wahrheit | vertrauen | sterben

Test: Wie gut ist Ihr Arzt?

JA NEIN Er nimmt sich Zeit für eine genaue Untersuchung (a) und Beratung.

JA NEIN Er informiert Sie über Ihre ______ (b) und die Symptome.

JA NEIN Sie können mit ihm über Ihre Probleme und ______ (c) sprechen. Denn Sie ______ (d) ihm.

JA NEIN Sie müssen in der Praxis selten länger als 30 Minuten warten.

JA NEIN Im ______ (e) können Sie auch ohne Termin in die ______ (f) kommen.

ERGEBNIS ▶

Noch mehr zum Thema Gesundheit: In vielen Ländern werden Frauen älter als Männer. Warum ______ (g) Männer früher? MEHR ▶

Das könnte Sie auch interessieren: Kann man wirklich in einer Woche 4 Kilo abnehmen? Die ______ (h) über Super-Diäten MEHR ▶

KB 4 **3 Ergänzen Sie die Sätze.**

STRUKTUREN

a Klaus öffnet das Fenster, weil es im Zimmer zu heiß ist.
(Es ist im Zimmer zu heiß.)

b Ich vertraue meinem Freund, weil ______.
(Er sagt mir immer die Wahrheit.)

c Meine Nachbarn sind traurig, weil ______.
(Ihr Hund ist gestorben.)

d Carla macht eine Diät, weil ______.
(Sie möchte abnehmen.)

KB 4 STRUKTUREN

## 4 Warum? Verbinden Sie die Sätze.

a Die Eltern machen sich Sorgen, weil — ihre Tochter krank ist.
b Sandra kann nicht zum Arzt gehen, weil
c Frau Winter ist krank. Deshalb
d Frau Preuß liegt im Krankenhaus, denn
e Herr Moll hat zu viel Kaffee getrunken. Deshalb

er heute keine Sprechstunde hat.
tut sein Magen weh.
kann sie nicht arbeiten.
sie hatte einen Herzinfarkt.
ihre Tochter krank ist.

KB 4 STRUKTUREN ENTDECKEN

## 5 Markieren Sie den Grund. Verbinden Sie dann die Sätze mit *denn*, *weil* und *deshalb*.

a Jan muss zum Zahnarzt gehen. Er hat Angst.

1 Jan hat Angst, denn er muss zum Zahnarzt gehen.

2 ______, weil ______

3 ______. Deshalb ______

b Carla vertraut ihrem Arzt. Er sagt ihr immer die Wahrheit.

1 ______, denn ______

2 ______, weil ______

3 Carlas Arzt ______. Deshalb ______

KB 5

## 6 Schreiben Sie zwei Sätze wie in 5. Markieren Sie den Grund. Ihre Partnerin / Ihr Partner verbindet die Sätze mit *denn*, *weil* und *deshalb*.

Ich bin müde. Ich bin gestern zu spät ins Bett gegangen.

KB 5 STRUKTUREN

## 7 *Deshalb* oder *weil*? Ergänzen Sie die Sätze.

a Ich kann heute nicht am Fußballtraining teilnehmen, weil ich erkältet bin.
(ich – sein – erkältet)

b Julian hat seit Tagen Bauchschmerzen, ______.
(der Arzt – ihn – genau untersuchen wollen)

c Frau Krause geht es schlecht, ______.
(eine schwere Grippe – sie – haben)

d Ich bin erkältet, ______.
(müssen husten – ich – so oft)

e Elke ist eine Stunde gejoggt, ______.
(sie – jetzt müde sein)

KB 6 **8** **Ordnen Sie zu.**

KOMMUNIKATION

hoffe ich auch | habe total Angst | ich aber traurig | ~~ist denn los~~ | hast du nichts Schlimmes
tut mir leid | ist los | wieder alles in Ordnung

a ■ Du siehst so traurig aus. Was ist denn los (1)?

● Ach, meine Katze ist seit zwei Tagen krank. Heute geht es ihr total schlecht.

■ Oh, das finde ______________________ (2).

b ■ Was ______________________ (3) mit dir? Geht es dir nicht gut?

● Ach, ich habe seit Tagen Bauchschmerzen. Jetzt muss ich ins Krankenhaus.

■ Oh, das ______________________ (4). Hoffentlich ______________________ ______________________ (5)!

● Das ______________________ (6). Ich ______________________ (7) vor dem Krankenhaus und noch mehr vor einer Operation.

c ■ Du hattest doch Grippe. Ist ______________________ (8)?

● Ja, es geht mir schon wieder viel besser.

KB 7 **9** **Ein Unfall! Oh! Was ist denn hier passiert?**

SCHREIBEN

**a** **Sehen Sie die Bilder an und ordnen Sie dann die Bilder den Sätzen zu.**

① ② ③ ④ ⑤

A der Notarzt sagen: wir Sie mit dem Krankenwagen ins Krankenhaus fahren müssen, weil das Bein stark bluten (3)

B in der Notaufnahme die Ärzte mich untersuchen und das Knie verbinden ○

C zuerst ich denken: die Verletzung nicht so schlimm sein / aber ein Mann den Notarzt rufen ○

D gestern Abend ich einen Unfall haben / ich mit dem Skateboard hinfallen (1)

E jetzt ich einen dicken Verband um das Knie haben und kaum laufen können ○

**b** **Schreiben Sie die Geschichte mit den Sätzen aus a.**

Gestern Abend hatte ich einen Unfall. …

# TRAINING: HÖREN

## 1 Telefongespräch über einen Unfall. Sammeln Sie Wörter.

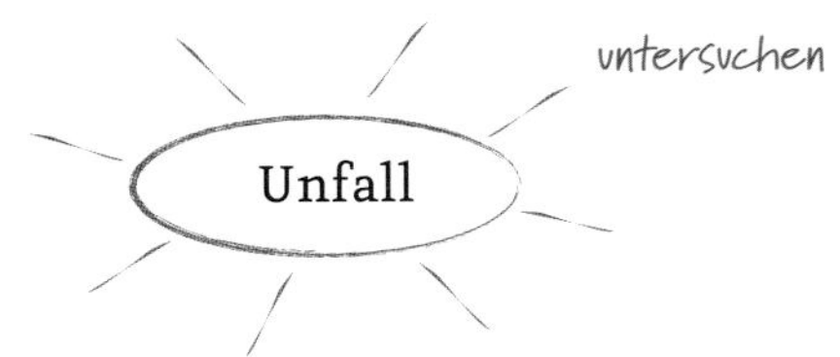

TIPP
Sammeln Sie vor dem Hören Wörter und Assoziationen zum Thema. Dann verstehen Sie den Hörtext besser.

▶ 1 28 **2 Was ist richtig? Hören Sie und kreuzen Sie an.**

a Petra macht sich Sorgen, weil Julia am Nachmittag nicht beim Volleyballtraining war. ○
b Julia ist beim Volleyballtraining hingefallen. ○
c Julias Knie hat nur ein bisschen geblutet. Aber der Fuß hat sehr wehgetan. ○
d Julia ist mit ihrem Auto in die Notaufnahme gefahren. ○
e Die Ärzte haben Julia sofort operiert. ○
f Julia hat Angst vor der Operation. ○
g Julia darf bis Donnerstag nicht mehr Volleyball spielen. ○
h Petra möchte Julia besuchen. ○

# TRAINING: AUSSPRACHE *Satzakzent: Gefühle ausdrücken*

▶ 1 29 **1 Hören Sie und markieren Sie den Satzakzent.**

a Was ist los? ↘
b Ist alles in Ordnung? ↗
c Ich habe so Schmerzen. ↘
d Oh →, das tut mir echt leid. ↘
e Hoffentlich hast du nichts Schlimmes. ↘
f Ich habe total Angst. ↘
g Geh doch zum Arzt. ↘
h Vorsicht! ↘ Es kann auch das Herz sein. ↘

▶ 1 30 **Hören Sie noch einmal und sprechen Sie nach.**

# TEST

WÖRTER

## 1 Bilden Sie Wörter und ordnen Sie zu.

ken | Not | Ver | nah | let | de | me | zung | Not | Kran | gen | stun | band | fall | wa | Sprech | Ver | ~~Not~~ | auf | ~~arzt~~

a Mein Nachbar hatte einen Herzinfarkt. Seine Frau hat gleich den *Notarzt* gerufen. Kurze Zeit später kam der ______________ und hat meinen Nachbarn in die __________ gebracht. Das war ein echter ____________________________.

b Anna ist vom Fahrrad gefallen. Ihr Bein blutet und sie braucht einen ________________. Wir fahren jetzt gleich zu Herrn Doktor Langer, er hat zum Glück auch am Samstag Vormittag _________________ .

c Meine Freundin hat eine ______________ an der Hand. Jetzt kann sie nicht mehr richtig schreiben.

_ / 6 PUNKTE

STRUKTUREN

## 2 Ordnen Sie zu und schreiben Sie Sätze mit *weil*.

er ist zu schnell gefahren | sie hat keine Zahnschmerzen mehr | ~~er ist krank~~ | ich habe Kopfschmerzen

a Simon geht heute nicht in die Schule, weil *er krank ist.*

b Herr Bosch hatte einen Unfall, weil ________________________________________.

c Ich kaufe Tabletten in der Apotheke, weil ____________________________________.

d Lina ist glücklich, weil ______________________________________________.

_ / 3 PUNKTE

STRUKTUREN

## 3 Schreiben Sie die Sätze aus 2 mit *deshalb*.

*a Simon ist krank. Deshalb geht er heute nicht in die Schule.*
*b Herr Bosch ...*

_ / 3 PUNKTE

KOMMUNIKATION

## 4 Ergänzen Sie das Gespräch.

- ■ Hallo Anna, du siehst nicht gut aus. Was ist denn _________________ (a)?
- ● Ach, ich muss morgen ins Krankenhaus.
- ■ _________________ (b) hast du nichts Schlimmes!
- ● Es ist mein Knie. Ich kann nicht mehr richtig laufen. Am Donnerstag ist die Operation.
- ■ Oh, das tut mir wirklich _________________ (c).
- ● Ich habe _________________ (d) vor den Untersuchungen.
- ■ Das glaube ich. Wie lange bleibst du denn im Krankenhaus?
- ● Nur zwei Tage.
- ■ Ich hoffe, danach ist alles wieder in _________________ (e).

_ / 5 PUNKTE

| Wörter | | Strukturen | | Kommunikation | |
|---|---|---|---|---|---|
| ● | 0–3 Punkte | ● | 0–3 Punkte | ● | 0–2 Punkte |
| ● | 4 Punkte | ● | 4 Punkte | ● | 3 Punkte |
| ● | 5–6 Punkte | ● | 5–6 Punkte | ● | 4–5 Punkte |

www.hueber.de/menschen

# LERNWORTSCHATZ

## 1 Wie heißen die Wörter in Ihrer Sprache? Übersetzen Sie.

**Unfall/Notfall**

Krankenwagen der, - ______

A: Rettung die, -en

CH: die Ambulanz die, -en

Notarzt der, ¨-e ______

Notaufnahme die, -n ______

Notfall der, ¨-e ______

Unfall der, ¨-e ______

Verletzung die, -en ______

verletzen (sich), hat sich verletzt ______

**Gesundheit/Krankheit**

Blut das ______

Grippe die ______

Herz das, -en ______

Krankheit die, -en ______

Magen der, ¨- ______

Operation die, -en ______

Sprechstunde die, -n ______

Untersuchung die, -en ______

Verband der, ¨-e ______

bluten, hat geblutet ______

operieren, hat operiert ______

sterben, du stirbst, er stirbt, ist gestorben ______

untersuchen, hat untersucht ______

verbinden, hat verbunden ______

erkältet sein ______

A: verkühlen (sich), hat sich verkühlt

**Weitere wichtige Wörter**

Satz der, ¨-e ______

Sorge die, -n ______

sich Sorgen machen ______

Wahrheit die, -en ______

hin·fallen, du fällst hin, er fällt hin, ist hingefallen ______

los sein ______

vertrauen, hat vertraut ______

weil ______

deshalb ______

TIPP

Lernen Sie Nomen und Verb zusammen.

die Operation – operieren
die Untersuchung – untersuchen

## 2 Welche Wörter möchten Sie noch lernen? Notieren Sie.

______

______

______

______

______

______

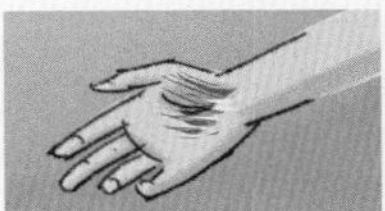

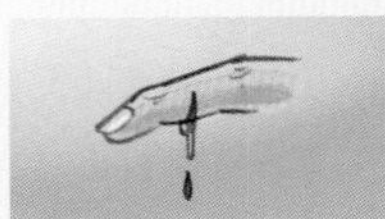

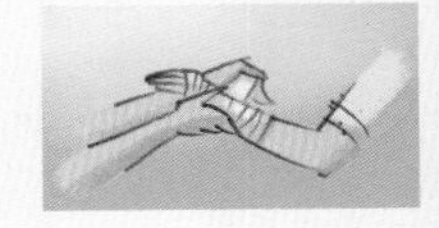

# Bei guten Autos sind wir ganz vorn.

KB 3 **1** **Eine Führung durch eine Autofabrik. Ordnen Sie zu.**

WÖRTER

Lager | Hallen | Werke | Arbeiter | Maschinen | ~~Wagen~~ | Lkws | Produktion

Herzlich willkommen in unserer Autofabrik!
Pro Tag produzieren wir hier circa 800 Wagen (a). Viele verkaufen wir ins Ausland. Wir bringen die Wagen mit ______ (b) in andere Länder.
Neben dem Bürohaus sehen Sie ein großes ______ (c) für das Material und zwölf große ______ (d). Dort ist die ______ (e) der Autos.
Unsere Firma hat vier weitere ______ (f) in Deutschland.
Früher haben 800 ______ (g) für die Produktion am Fließband gearbeitet. Jetzt sind es viel weniger. In einer modernen Autofabrik machen die ______ (h) sehr viel und die Arbeit ist leichter geworden.

KB 4 **2** **Ergänzen und vergleichen Sie.**

WÖRTER

| Deutsch | Englisch | Meine Sprache oder andere Sprachen |
|---|---|---|
| die Produktion | production | |
| | machine | |
| | export | |
| | import | |
| | international | |

KB 4 **3** **Aus der Zeitung. Ergänzen Sie.**

WÖRTER

a **Beim Einkaufen im Internet bis zu 70 P r o z e n t s __ a __ e n!**
Wir e __ k l __ __ e __ Ihnen wie. Lesen Sie unsere Tipps auf Seite 12.

b Produktion wird immer billiger, deshalb s__ n __ __ n Preise für Computer und Notebooks weiter.

c Die Firmen produzieren und verkaufen wieder mehr. Der Export s __ ei __ t . Warum die W __ r __ s __ h __ f __ in Deutschland wieder wächst, lesen Sie in einem B __ r i __ht der „Financial Times Deutschland"

d KWG-Bank: 150 A __ g __ s __ e __ l __e verlieren Arbeit

e WIR SIND EINE INTERNATIONALE MUSIKFIRMA.
Seit drei J __ h __ z __ h __ t __ n haben wir Erfahrung und E __ f __ l __ im Musikgeschäft.
Für unser Büro in Hamburg suchen wir M __ t __ r __e i t __ __ . Wir bieten sehr gute A__ b e __ __ s b e __ i n __ u__ g __ __.

KB 5 **4 Lösen Sie das Rätsel.**

WÖRTER

| | | | | | | | | | |
|---|---|---|---|---|---|---|---|---|---|
| | | | | K | | | | | |
| a | | | L | | | | | | |
| b | D | | | | | | | D | |
| c | | B | | | | | | B | |
| d | R | | | | | | | | R |
| | | | | K | | | | | |
| | | | | T | | | | | |

a Geld für die Arbeit: …
b etwas ist wichtig, man muss es sofort machen
c Firma = …
d Nomen zu „reparieren“: die …

↓ Lösung:
Ich habe Peter schon ein paar Jahre nicht mehr gesehen. Wir haben keinen … mehr.

KB 5 **5 Markieren Sie die Endungen der Adjektive und ergänzen Sie den definiten Artikel.**

STRUKTUREN ENTDECKEN

| Nominativ | | Akkusativ | | Dativ | |
|---|---|---|---|---|---|
| der<br>schwarzer | ● Kunststoff | ohne den ____<br>ohne großen | ● Lkw | mit dem ____<br>mit großem | ● Erfolg |
| <br>hartes | ● Training | ohne ____<br>ohne großes | ● Lager | aus ____<br>aus rotem | ● Metall |
| <br>erste | ● Berufserfahrung | ohne ____<br>ohne fremde | ● Hilfe | seit ____<br>seit letzter | ● Woche |
| <br>schlechte | ● Bedingungen | ohne ____<br>ohne genaue | ● Berichte | mit ____<br>mit internationalen | ● Firmen |

KB 5 **6 Mein Traumjob. Ergänzen Sie die Endungen der Adjektive.**

STRUKTUREN

Ich wünsche mir eine Arbeitsstelle / eine Arbeit / einen Job …

| ohne … | mit … |
|---|---|
| a unsympathische Kunden | j nett____ Kollegen |
| b groß____ Stress | k gut____ Lohn |
| c langweilig____ Sitzungen | l gut____ Arbeitsbedingungen |
| d lang____ Berichte | m flexibl____ Arbeitszeit |
| e schwer____ Arbeit | n nett____ Chefin |
| f dringend____ Termine | o lang____ Urlaub |
| g lang____ Reisen | p kostenlos____ Firmenwagen |
| h teur____ Ausbildung | q schick____ Büro |
| i schlecht____ Kaffee | r interessant____ Aufgaben |

KB 5 **7 Lesen Sie die Anzeigen und ergänzen Sie die Endungen der Adjektive.**

STRUKTUREN

a Suche günstigen Kleinwagen
b Ziehen Sie um? Klein____ Lkw (7,5 t) schon ab 38 Euro pro Tag.
c Zweirad-Fischer: groß____ Angebot – klein____ Preise und schnell____ Service bei Reparaturen
d Autohaus hat interessant____ Job für freundlich____ Studenten mit flexibl____ Arbeitszeit und gut____ Arbeitsbedingungen
e Oldtimer – groß____ Ausstellung mit alt____ Autos und Motorrädern

KB 5 **8** **Sie möchten Möbel und andere Gegenstände für das Büro kaufen/verkaufen. Schreiben Sie drei Anzeigen mit Adjektiven. Ihre Partnerin / Ihr Partner ergänzt die Endungen der Adjektive.**

Suche günstig_____ Büroschrank aus hell_____ Holz.
Verkaufe schnell_____ Computer mit neu_____ Bildschirm.

*Suche/Verkaufe ... mit/aus ...*

KB 6 **9** **Ordnen Sie zu.**

KOMMUNIKATION

ich möchte gern | ich gern selbstständig | ist mir sehr wichtig | ~~möchte nicht gern~~ | im Team | nicht gern nur drinnen | das ist mir nicht so wichtig

## Was ist Ihnen im Job wichtig?

**a** Ich möchte nicht gern angestellt sein. Denn ich habe schlechte Erfahrungen mit Chefs gemacht. Ich habe keine festen Arbeitszeiten, aber __________.
Deshalb bin __________.

**b** Ich arbeite gern mit netten Kollegen __________.
Das __________.
Und __________
im Ausland arbeiten.

**c** Ich arbeite als Landschaftsarchitekt. Das macht mir Spaß. Außerdem kann man in meinem Beruf auch mal draußen arbeiten.
Ich sitze __________.

KB 7 **10** **Lesen Sie die Anzeige und beantworten Sie die Fragen.**

LESEN

a Wie lange dauert das Praktikum? September bis Dezember
b Wie lange gibt es das Werk schon? __________
c Was produziert die Firma in diesem Werk? __________
d Was macht man beim Praktikum? __________
e Was muss man können? / Was muss man sein? __________
f Mit wem kann man Kontakt aufnehmen? __________

**Praktikum in der Autoindustrie September – Dezember (Vollzeit)**

Vor drei Jahrzehnten hat die Erfolgsgeschichte von unserem Werk in Köln begonnen.
Von unseren Fließbändern laufen moderne Kleinwagen.
Bei diesem Praktikum lernen Sie unsere Produktionsstätte in Köln kennen.

**Aufgaben**
- Mitarbeit bei der Wagenproduktion
- Zusammenarbeit mit Betriebsingenieuren

**Qualifikation**
- Student/Studentin (gern Wirtschaftsingenieurwesen)
- im Team arbeiten
- flexibles und selbstständiges Arbeiten

**Ansprechpartner:**
Frau Willner
Tel. 072 22/131278-09

# TRAINING: SCHREIBEN

## 1 Mein Traumjob

**Suchen Sie im Text nach diesen Informationen:**

a Information über die Firma: ______
b Aufgabe(n): ______
c Arbeitszeiten: ______
d Lohn: *verdient gut*
e Arbeitsbedingungen: ______

**Job-Forum > Gefällt Euch Eure Arbeit?**

Beitrag von Lupo: Hallo Leute,
ich möchte heute mal fragen: Gefällt Euch eigentlich Eure Arbeit?
Also ich glaube, ich habe meinen Traumjob:
Ich bin Angestellter in einer internationalen Computerfirma mit 2000 Mitarbeitern. Ich verkaufe Computer an Firmen auf der ganzen Welt, deshalb muss ich viel reisen. Das macht mir großen Spaß.
Ich habe keine festen Arbeitszeiten. Das gefällt mir besonders gut. Auch die Arbeitsbedingungen bei uns sind wirklich nicht schlecht:
Ich kann selbstständig arbeiten. Das ist mir sehr wichtig. Aber ich arbeite auch gern im Team mit netten Kollegen. Zum Glück habe ich die. Außerdem verdiene ich gut und habe einen kleinen Firmenwagen.

## 2 Antworten Sie Lupo in einem Beitrag. Was gefällt Ihnen (nicht) an Ihrer Arbeit? Schreiben Sie zu allen fünf Punkten in 1.

**Variante: Überlegen Sie sich einen Traumjob. Schreiben Sie zu allen fünf Punkten in 1.**

*Hallo Lupo,*
*dein Job ist ja wirklich super. So einen hätte ich auch gern. /*
*Aber meinen finde ich auch ziemlich gut. Ich arbeite ...*

TIPP
Sie machen beim Schreiben viele Fehler? Lesen Sie den Text am Ende noch einmal. Konzentrieren Sie sich auf eine Sache, z. B. hier auf die Endungen der Adjektive.

# TRAINING: AUSSPRACHE *„ei“ und „ie“*

AUSSPRACHE – ei|ie – AUSSPRACHE

## 1 Hören Sie und sprechen Sie nach.

▶ 1 31

Bauteile produzieren – gleich geblieben – am Fließband arbeiten – viel reisen – Industrie und Technologie

## 2 Was ist richtig? Kreuzen Sie an.

REGEL
Man spricht „ei“ als
○ „e + i“. ○ „a + i“.
Man spricht „ie“ als
○ langes ○ kurzes „i“.

## 3 Ergänzen Sie „ei“ oder „ie“ und lesen Sie die Sätze laut.

a D____ Pr____se st____gen. Aber nicht b____ uns!
b Mitarb____ter gesucht – Top-Arb____tsbedingungen.
c Erfolgr____cher Industr____betr____b b____tet flexible Arb____tsz____ten.
d Kl____ne Büros fr____.
Jetzt m____ten zu günstigen Pr____sen.

▶ 1 32 **Hören Sie und vergleichen Sie.**

# TEST

## 1 Ordnen Sie zu.

WÖRTER

Arbeitszeit | Export | Lohn | Betrieb | Angestellter | Prozent | Erfolg | ~~Arbeiter~~ | Lager

a Michael ist *Arbeiter* bei Audi. Er arbeitet am Fließband.

b Die Firma G. Braun & Co., Import und __________, hat in der Luisenstraße ihr __________ .

c Hannes ist __________ in einer Bank. Seine __________ ist flexibel, er kann zwischen halb acht und acht anfangen.

d Die Mitarbeiter möchten mehr Geld, sie fordern mehr __________.

e Mehr als 50 __________ aller Produkte der Baufirma Nasan gehen in den Export.

f Der __________ stellt Lkws her. Mit seinen Produkten hat er internationalen __________ auf dem Weltmarkt.

_ / 8 PUNKTE

## 2 Ergänzen Sie in den Anzeigen die Endungen.

STRUKTUREN

a Freundlich*er* (1) Mitarbeiter mit lang______ (2) Berufserfahrung sucht international______ (3) Betrieb.

b Groß______ (4) Restaurant mit freundlich______ (5) Service bietet interessant______ (6) Jobs.

c Suche hell______ (7) Wohnung mit schön______ (8) Garten.

d Bin selbstständig. Suche Arbeitsplatz in klein______ (9) Büro mit nett______ (10) Kollegen und schön______ (11) Möbeln.

e Alt______ (12) Autos gesucht. Baujahr 1980 und älter. Nehme auch kaputt______ (13) Autos.

f NEU! „Fit und Gesund!" – Toll______ (14) Geschäft mit gut______ (15) Beratung.

_ / 7 PUNKTE

## 3 Ordnen Sie zu.

KOMMUNIKATION

das machen wir | wäre das wichtiger | möchte so gern | ist eine gute Idee | ist dir das wichtig

■ Ich __________ (a) in einer Apotheke arbeiten.
● Warum __________ (b)?
■ Ich kann Menschen beraten und ihnen helfen. Das gefällt mir.
● Studier doch Medizin. Als Ärztin kannst du auch helfen und viel Geld verdienen. Mir __________ (c). Aber mach doch ein Praktikum in einer Apotheke.
■ Das __________ (d).
● Ich habe eine Freundin in der Kilian-Apotheke. Sollen wir sie gleich mal anrufen?
■ Ja, okay, __________ (e). Danke!

_ / 5 PUNKTE

| Wörter | | Strukturen | | Kommunikation | |
|---|---|---|---|---|---|
| ● | 0–4 Punkte | ● | 0–3 Punkte | ● | 0–2 Punkte |
| ● | 5–6 Punkte | ● | 4–5 Punkte | ● | 3 Punkte |
| ● | 7–8 Punkte | ● | 6–7 Punkte | ● | 4–5 Punkte |

www.hueber.de/menschen

# LERNWORTSCHATZ

## 1 Wie heißen die Wörter in Ihrer Sprache? Übersetzen Sie.

**Arbeitsleben**

Angestellte der/ die, -n ______
Arbeiter der, - ______
Bedingung die, -en ______
die Arbeitsbedingungen ______
Betrieb der, -e ______
Erfolg der, -e ______
Export der, -e ______
Halle die, -n ______
Import der, -e ______
Lager das, - ______
Lkw der, -s ______
CH: der Lastwagen
Lohn der, ⸚e ______
Maschine die, -n ______
Mitarbeiter der, - ______
Produktion die, -en ______
Prozent das, -e ______
Team das, -s ______
Werk das, -e ______
Wirtschaft die ______

sinken, ist gesunken ______
sparen, hat gespart ______
steigen, ist gestiegen ______
selbstständig ______

**Weitere wichtige Wörter**

Bericht der, -e ______
Jahrzehnt das, -e ______
Kontakt der, -e ______
Reparatur die, -en ______
Wagen der, - ______

erklären, hat erklärt ______
international ______
dringend ______

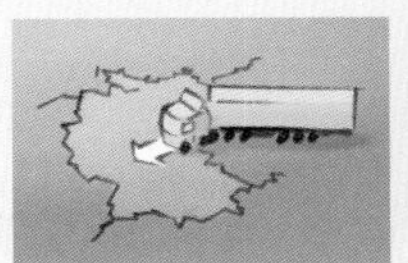

TIPP

Schreiben Sie ein paar Sätze, zum Beispiel über Ihre Arbeit.

Ich bin angestellt bei …
Ich arbeite seit … in diesem Betrieb.
…

## 2 Welche Wörter möchten Sie noch lernen? Notieren Sie.

______

# WIEDERHOLUNGSSTATION: WORTSCHATZ

## 1 Ergänzen Sie das Gespräch.

■ Hallo Frau Rudnik, hier spricht Marietta. Ich kann leider die nächsten Wochen nicht in den Deutschkurs kommen, ich hatte einen U n f a l l (a) .

● Oje! Was ist passiert? Sind Sie im K _ _ _ _ _ _ _ _ _ _ _ (b)?

■ Ja. Ich bin mit dem Fahrrad hingefallen. Mein Bein hat geblutet. Dann ist der K _ _ n _ _ _ w _ _ _ _ (c) gekommen und hat mich in die N _ _ a _ _ _ _ _ _ _ _ (d) gebracht. Dort hat man mich operiert. Jetzt habe ich einen großen V _ _ _ _ _ _ _ (e) und muss noch liegen. ...

## 2 Rätsel

**a Lesen Sie die Sätze und ergänzen Sie die Tabelle. Drei Felder bleiben leer.**

1 Herr Olfert arbeitet zusammen mit zwei Mitarbeitern in einem Team. Er ist wie seine Kollegen selbstständig.
2 Herr Simonis arbeitet täglich von 7 – 19 Uhr.
3 Die Firma von Herrn Nesan produziert Nudeln.
4 Herr Koch geht mindestens einmal pro Woche ins Fitnesstraining. Manchmal arbeitet er vormittags, manchmal nachmittags.
5 Herr Nesan hat nur sehr selten Zeit für Sport, liebt aber Fußball.
6 Ein Mann macht nie Sport. Er ist der Chef einer Firma.
7 Ein Mann ist Arbeiter und steht am Fließband. Seine Firma produziert Lkws.
8 Ein Mann arbeitet von montags bis donnerstags. Es ist nicht Herr Olfert.
9 Ein Mann geht regelmäßig zweimal pro Woche in einen Verein und spielt Badminton. Seine Firma produziert Handys.

| Name | Herr Simonis | Herr Olfert | Herr Nesan | Herr Koch |
|---|---|---|---|---|
| Wie arbeitet er? | | ist selbstständig<br>arbeitet im Team | | |
| Wann arbeitet er? | | | | |
| Was produziert seine Firma? | | | | |
| Wie oft macht er in seiner Freizeit Sport? | | | | |

**b Beantworten Sie die Fragen.**

Wer arbeitet nur vormittags? Wer produziert Lampen? Wer arbeitet als Angestellter?

## 1 Was kann man in unserer Firma besser machen?

**a Lesen Sie die Probleme und ordnen Sie zu.**

1 Arbeitsbedingungen nicht gut
2 zu wenig Geld für Arbeiter in der Produktion
3 Produktion: zu oft Reparaturen
4 zu wenig Kontakt zu Kollegen
5 nicht alle Kollegen können gut Englisch

mehr Lohn bekommen sollen ◯ an Englischkursen teilnehmen können ◯ die Arbeitsbedingungen besser machen sollen ① regelmäßig Teamsitzungen machen können ◯ neue Maschinen kaufen sollen ◯

**b Schreiben Sie Vorschläge im Konjunktiv.**

1 Wir sollten die Arbeitsbedingungen besser machen.
2 Die Arbeiter ______.
3 Die Firma ______.
4 Wir ______.
5 Die Mitarbeiter ______.

## 2 Ergänzen Sie *denn*, *deshalb* oder *weil*.

Kennen Sie das auch?
Ab nächster Woche treibe ich regelmäßig Sport, denn (a) ich will endlich mehr für meine Gesundheit tun. Am Montag muss ich bis spät abends arbeiten, ______ (b) habe ich keine Zeit für das Fitnessstudio. Aber das ist nicht so schlimm, ______ (c) dienstags gibt es ja schon um 8 Uhr einen Yogakurs. Ach was, ich kann ja auch am Mittwoch zum Schwimmen gehen. – Oh je, die Badehose passt nicht mehr, ______ (d) ich in den letzten Monaten ein bisschen dicker geworden bin. Ich könnte ja später Gymnastik machen, aber das ist eigentlich langweilig. Joggen kann ich heute leider auch nicht, ______ (e) es den ganzen Tag regnet. Dann fange ich halt nächste Woche an.

## 3 Ergänzen Sie die Endungen der Adjektive.

Frage von Princess: Wie kann ich am schnellsten abnehmen? Funktioniert eine Nulldiät?
Antwort von Elli12 vor 4 Stunden:
Mach auf keinen Fall eine Nulldiät. Das ist nicht gut. Bei einer gesunden (a) Diät darf man auch etwas essen. An deiner Stelle würde ich den Tag mit einem leicht_____ (b) Frühstück beginnen: Iss ein klein_____ (c) Brötchen mit mager_____ (d) Käse. Am besten trinkst du frisch gepresst_____ (e) Saft dazu. Schwarz_____ (f) Tee oder Kaffee mit fettarm_____ (g) Milch ist auch ok. Mittags gibt es Nudeln, Fleisch oder auch mal gesund_____ (h) Fisch. Iss roh_____ (i) Gemüse mit mager_____ (j) Quark oder grün_____ (k) Salat mit Tomaten und Gurken. Du musst unbedingt viel trinken. An deiner Stelle würde ich auch Sport machen. Jogge doch, dann hast du auch gleich frisch_____ (l) Luft.
So habe ich 10 Kilo abgenommen. Das kannst du doch auch!

# SELBSTEINSCHÄTZUNG Das kann ich!

## Ich kann jetzt ...

**... um Rat bitten:** L07
Welche Sportart w_______________ du mir e_____________________?
Ich möchte gern Sport machen. Hast du __________ T___________ für mich?

**... Ratschläge geben:** L07
An ___________ ___________ würde ich ________________________________________.
Du k___________________ aber auch ________________________________________.

**... Sorge ausdrücken:** L08
Was ist _______?
Ist alles in _________________________?
Ich habe ________________ vor Herzkrankheiten.

**... Hoffnung ausdrücken:** L08
_____________________ hast du nichts Schlimmes!
Ich _____________, es ist alles in Ordnung.

**... Mitleid ausdrücken:** L08
Das finde ich aber _____________________.
Oh, das ________ mir wirklich sehr __________.

**... Wichtigkeit ausdrücken:** L09
▲ Ich möchte gern im Ausland arbeiten.
■ Ist ________ das _______________?
▲ Ja, sehr. Und dir?
■ ___________ ist das nicht so ____________________.

## Ich kenne ...

**... 10 Sportarten:** L07
Die interessieren mich: ______________________________________________________
Die interessieren mich nicht: _________________________________________________

**... 8 Wörter zum Thema „Krankheit und Unfall“:** L08
______________________________________________________________________________
______________________________________________________________________________

**... 8 Wörter zu Beruf und Arbeitsleben:** L09
______________________________________________________________________________
______________________________________________________________________________

## Ich kann auch ...

**... Zeitangaben machen (temporale Adverbien: *morgens*; temporale Präposition: *zwischen*):** L07
Wann sollte Herr Peters keine Kohlenhydrate mehr essen? _________________ (am Abend).
Wann treffen wir uns zum Schwimmen? _____________________ 7.00 und 7.15 Uhr.

# SELBSTEINSCHÄTZUNG Das kann ich!

... **Vorschläge machen und Ratschläge geben (Konjunktiv II von *können, sollen*):** L07 ○ ○ ○

Dann ____________ wir mal über Ihren Fitnessplan sprechen. (sollen)
Wir ____________ montags und mittwochs joggen gehen. (können)

... **Gründe angeben (Satzverbindung: *weil, deshalb*):** L08 ○ ○ ○

Du hast Probleme, ________ du zu viel auf deinen Körper hörst.
Du hörst zu viel auf deinen Körper. ________ hast du Probleme.

... **Nomen näher beschreiben (Adjektive ohne Artikel):** L09 ○ ○ ○

Suche ordentlich____ Haushaltshilfe für 10 Stunden pro Woche bei flexibl____ Arbeitszeit.
Gut____ Kfz-Mechatroniker mit viel Berufserfahrung sucht Festanstellung.

**Üben / Wiederholen möchte ich noch:**

______________________________________________

# RÜCKBLICK

## Wählen Sie eine Aufgabe zu Lektion 7

### 1 Fitness- und Ernährungsplan

a Lesen Sie noch einmal den Fitness- und Ernährungsplan im Kursbuch auf Seite 42 (Aufgabe 3b). Schreiben Sie vier Fragen zu dem Plan.

*Wie oft sollte Herr Peters schwimmen/...?*
*Wann sollte Herr Peters Suppe/... essen?*
*Was/Wann sollte er ...?*
*Wie oft/Was sollte er essen?*

b Tauschen Sie die Fragen mit Ihrer Partnerin / Ihrem Partner. Sie/Er antwortet.

### 2 Schreiben Sie Ihren eigenen Fitness- und Ernährungsplan.

| | Mo | Di | Mi | Do | Fr | Sa | So |
|---|---|---|---|---|---|---|---|
| vormittags | | | | | | | |
| mittags | | | | | | | |
| abends | | | | | | | |

## Wählen Sie eine Aufgabe zu Lektion 8

### 1 Lesen Sie noch einmal die Forumstexte im Kursbuch auf Seite 46 (Aufgabe 3). Welche Sätze passen zu carlotta123 und welche Sätze passen zu seelenpein?

| | | carlotta123 | seelenpein |
|---|---|---|---|
| a | Ärzten kann man nie glauben. | ⊗ | ⊗ |
| b | Ich habe Angst vor Herzkrankheiten, weil sie gefährlich sind. | ○ | ○ |
| c | Mein Hausarzt hat mich nicht lange untersucht. | ○ | ○ |
| d | Ich gehe nicht mehr zu Ärzten. | ○ | ○ |
| e | Ich hoffe, du hast keine schlimme Krankheit. | ○ | ○ |

## 2 Der perfekte Arzt

**a Wie sind Ihre Erfahrungen mit Ärzten? Machen Sie Notizen zu folgenden Fragen.**

- Wie oft gehen Sie zum Arzt? Warum? ____________________
- Was finden Sie gut/schlecht an Ihrem Arzt? untersucht genau, hat viel Zeit
- Würden Sie Ihren Arzt empfehlen? ____________________
- Vertrauen Sie Ärzten? ____________________

**b Haben Sie den perfekten Arzt gefunden?**
**Schreiben Sie einen Forumsbeitrag über Ihre Erfahrungen mit Ärzten.**
**Die Fragen in a helfen.**

RE: Habt ihr den perfekten Arzt gefunden?
Ich gehe …
Ich finde meinen Arzt (nicht so) gut. Denn …
Ich würde meinen Arzt (nicht) empfehlen, weil …
Aber er … Deshalb …

## Wählen Sie eine Aufgabe zu Lektion 9

## 1 Lesen Sie noch einmal die Anzeigen im Kursbuch auf Seite 51 (Aufgabe 5a). Welche Anzeige passt? Manchmal passt keine Anzeige. Machen Sie dann X.

a Sie sind Verkäuferin und möchten 10 Stunden pro Woche im Verkauf arbeiten. ⓧ
b Sie haben eine Lagerhalle und brauchen sie in der nächsten Zeit nicht. ○
c Ihr Fahrrad ist kaputt. ○
d Sie sind Mechatroniker und im Moment arbeitslos. ○
e Sie interessieren sich für Computer und suchen einen neuen Arbeitsplatz. ○
f Sie haben einen Auto-Reparaturbetrieb und suchen neue Mitarbeiter. ○
g Sie sind selbstständig und brauchen ein Büro. ○
h Sie suchen einen Job in einem Haushalt. ○
i Sie haben keine Zeit für Ihren Haushalt. ○

## 2 Ihre Anzeige für ein Jobangebot. Machen Sie zuerst Notizen. Schreiben Sie dann eine Anzeige.

Wer sucht wen? Export-Firma – Student/Studentin
Qualifikation? ____________________
Aufgaben? ____________________
Arbeitszeit? ____________________
Lohn? ____________________
Kontakt? ____________________

Export-Firma sucht dringend Student/Studentin für das Büro. Sie arbeiten gern am Computer. Ihre Aufgaben sind: E-Mails schreiben und telefonieren. Haben Sie montags und freitags von 9 – 12 Uhr Zeit? Dann rufen Sie uns an. 12 Euro pro Stunde. Kontakt: Frau Weiner Tel. 453465

# NUR WIR FÜNF

## Teil 3: Viel zu schnell …

Heute ist „Maras" Tag: Sie kann sagen, was die Freunde gemeinsam machen.
Shopping natürlich … Im KaDeWe[1] und am Ku'damm.
So viele tolle Kleider, so viele schöne Blusen, so viele Schuhe …
Ina kauft nichts ein, sie schreibt die ganze Zeit SMS.
„An wen schreibst du?", fragt Ralf.
Sie sagt nichts.
Aber er weiß es natürlich: an Diogo.
Sie haben ihn im Bode-Museum kennengelernt. Er ist ein Künstler aus Brasilien und macht gerade Urlaub in Berlin. Später sind sie noch gemeinsam Bier trinken gegangen. Ina und Diogo haben den ganzen Abend geredet. Und am nächsten Tag haben sie sich gleich wieder getroffen …
„Mir ist langweilig", sagt Max. „Ich gehe mal ins Sportgeschäft."

So viele tolle Fitnessgeräte, so viele schöne Fahrräder, so viele …
„Kann ich Ihnen helfen?", fragt der Verkäufer.
„Danke, ich schaue nur ein bisschen."
„Diese Inlineskates haben wir gerade neu bekommen."
„Ich bin noch nie mit Inlineskates gefahren."
„Sie sind sehr sportlich, das sieht man gleich. Sie können das sicher. Probieren Sie mal!"
Max zieht die Inlineskates an … und fährt los.
„Super! Das ist leicht."
„Ich habe es Ihnen ja gesagt."
„Oh, das geht aber schnell."
„Ja, das sind gute Schuhe."

„Sehr schnell …"
„Bleiben Sie besser wieder stehen."
„Ich kann nicht … ich bin zu schnell … Vorsicht! Aus dem Weg …"
„He, Sie! Passen Sie doch auf!", ruft ein Mann.
„Entschuldigung … Achtung … oh, schöne Fahrräder … tolle Fitnessgeräte … Sportkleidung …"
Max fährt durch das ganze Geschäft und wird immer schneller.
„Sind Sie verrückt?", ruft eine Frau.
„Nein, ich … oje, Sonnenbrillen vor mir … viele Sonnenbrillen … Hilfe! … ohhh … gut, geschafft …"
„Max, was machst du denn da?"
„Ina, Ralf … ihr seid ja auch alle hier …"
„Max, pass auf!"
„Aus dem Weg …!"
Max fährt in Ina, Ralf, Mara und Bernd hinein.
Alle fünf fallen um.
„Was tut ihr denn hier? Wollt ihr auch Sport machen?", fragt Max.
„Nein. Ich bin fertig mit Shoppen. Wir können gehen", sagt Mara.
„Jetzt muss ich aber noch einkaufen."
„Was willst du denn kaufen?"
„Diese Inlineskates." Max lacht. „Die sind wirklich super!"

1: KaDeWe: Kaufhaus des Westens: sehr großes Kaufhaus in Berlin

# Gut, dass du reserviert hast.

KB 3 WÖRTER

## 1 Was passt? Ordnen Sie zu.

a Ich möchte meine Freunde zum Essen — einladen.
b Wir müssen für morgen Abend einen Tisch
c Ich will endlich mal in das neue Lokal am Marktplatz
d Du könntest wenigstens ein Glas Wasser
e Ich will nicht schon wieder Pommes frites

essen.
trinken.
gehen.
einladen.
reservieren.

KB 3 STRUKTUREN

## 2 Was passt? Kreuzen Sie an.

a ■ Hier in diesem Lokal ist es doch ganz schön, oder?
▲ Ja, aber ☒ ich finde, ○ ich weiß, dass es zu laut ist.

b ■ Ich kann leider nicht zu deiner Geburtstagsfeier kommen.
▲ ○ Schade, ○ Gut, dass du keine Zeit hast.

c ■ Soll ich den Thunfisch bestellen?
▲ Nimm lieber Fleisch. ○ Ich denke, ○ Ich hoffe, dass dir der Fisch nicht schmeckt.

d ○ Kann es sein, ○ Findest du, dass es hier keine Pommes frites gibt?

e ○ Gut, ○ Ich glaube, dass du gekommen bist. Kannst du mir helfen?

KB 3 STRUKTUREN ENTDECKEN

## 3 Schreiben Sie die *dass*-Sätze aus 2 in die Tabelle.

| | Konjunktion | | Verb |
|---|---|---|---|
| a Ja, aber ich finde, | dass | es zu laut | ist. |
| b | | | |
| c | | | |
| d | | | |
| e | | | |

KB 3 STRUKTUREN

## 4 Wie finden Sie das neue italienische Restaurant? Ergänzen Sie.

a Gut, dass die Preise nicht so hoch sind. (sein – die Preise – nicht so hoch)

b Ich hoffe, dass ______________________________.
(immer so gut – das Essen – schmecken)

c Ich weiß, dass ______________________________. Deshalb schmeckt das Essen so gut.
(der Koch – kommen – aus Italien)

d Schön, dass ______________________________.
(können – essen – man – so tolle Nudelgerichte)

e Ich glaube, dass ______________________________.
(sein – besser – das Essen im „Rialto")

f Ich denke, dass ______________________________.
(geben – es – eigentlich schon genug italienische Lokale)

KB 3 **5 Schreiben Sie Sätze wie in 4 zum Thema „Essen". Sie können die Satzanfänge aus 3 und 4 benutzen. Ihre Partnerin / Ihr Partner ergänzt die Sätze.**

Ich weiß, dass ______
(Pommes frites – sein – nicht gesund)

Schön, dass ______
(du – haben gekocht – für mich)

KB 3 **6 Ordnen Sie zu und schreiben Sie Sätze mit *dass*.**

STRUKTUREN

Kann es sein | Ich weiß | ~~Ich hoffe~~ | Schade | Ich finde | Schön

a Hoffentlich bringt der Kellner das Essen bald.
b In diesem Lokal gibt es leider keine rote Grütze.
c Darf man hier nicht rauchen?
d Du hast mich eingeladen.
e Der Wein sollte ein bisschen wärmer sein.
f Nach dem Essen trinkt Elke nie einen Kaffee.

a Ich hoffe, dass der Kellner das Essen bald bringt.
b …

KB 5 **7 Ergänzen Sie.**

WÖRTER

a das S t e a k
b ______ S _ h _ _ _ _ _ _
c ______ Hä _ _ c _ _ _
d ______ S _ ß _
e  ______ E _ _ i _
f ______ _ _

KB 6 **8 Ordnen Sie zu und schreiben Sie die Nomen mit Artikel.**

WÖRTER

~~Essig~~ | Tasse | Löffel | Salz | Zucker | Kanne | Messer | Pfeffer | Gabel | Öl | Teller

| das Besteck | das Geschirr | Was steht noch auf dem Tisch? |
|---|---|---|
| | | der Essig |

KB 7 **9** **Im Restaurant bestellen. Ordnen Sie zu.**

KOMMUNIKATION

bringen Sie mir lieber | sondern | kann ich Ihnen bringen | Moment, bitte | hätte gern | nicht mit | ~~würde gern bestellen~~

- ■ Entschuldigung. Ich *würde gern bestellen* (a).
- ● Einen ______________ (b). Ich komme gleich. Was ______________ (c)?
- ■ Ich ______________ (d) ein Wiener Schnitzel. Aber ______________ (e) Kartoffelsalat, ______________ (f) mit Pommes frites.
- ● Gern. Und was möchten Sie trinken?
- ■ Ein Mineralwasser, bitte. Ach nein, ______________ (g) ein kleines Bier.

KB 8 **10** **Reklamieren: Wie reagiert der Kellner? Ordnen Sie zu.**

KOMMUNIKATION

a Die Kartoffeln waren versalzen. — 5
b Verzeihen Sie, aber die Suppe ist kalt.
c Das Mineralwasser ist zu warm.
d Die Gabel ist nicht sauber.
e Wir haben nur Öl für unseren Salat.

1 Oh! Das tut mir leid. Sie bekommen sofort ein anderes.
2 Einen Augenblick, bitte. Ich bringe Ihnen gleich Essig.
3 Oh! Das tut mir leid. Ich bringe eine neue Suppe.
4 Oh! Entschuldigung. Hier haben Sie ein anderes Besteck.
5 Ich gebe es an die Küche weiter.

KB 8 **11** **Bezahlen: Sortieren Sie das Gespräch.**

KOMMUNIKATION

◯ Vielen Dank.
◯ Das macht 17, 90 Euro.
◯ Hier bitte, stimmt so.
◯ Zusammen oder getrennt?
① Die Rechnung, bitte.
◯ Getrennt bitte.

KB 9 **12** **Im Restaurant. Hören Sie das Gespräch und ergänzen Sie die Rechnung.**

▶ 1 33

HÖREN

RESTAURANT *Seeblick*

Rechnung – Kellner: 2 – Tisch: 4

| | |
|---|---|
| *Fischsuppe* | ______ |
| ______ mit ______ | ______ |
| ______ groß | 3, 70 |
| Portion ______ klein | 4, 00 |
| Kännchen ______ | 4, 50 |
| Euro: | ______ |

# TRAINING: LESEN

**1** **Lesen Sie die Kommentare im Gästebuch vom Restaurant „Seeblick". Was finden die Gäste positiv, was negativ? Markieren Sie die Meinungen der Gäste mit zwei Farben (grün= positiv; rot = negativ).**

RESTAURANT *Seeblick* GÄSTEBUCH

Franz am 12. März: Wir hatten eine Reservierung. Aber wir haben trotzdem lange auf unseren Tisch und das Essen gewartet. Außerdem waren die Kellner nicht besonders freundlich. Wenigstens kann man sich nicht über das Essen beschweren. Es ist gut und die Portionen sind groß.

Lola am 20. Mai: Das Lokal ist total nett und sehr beliebt, aber auch ein bisschen laut. Leider muss man einen Tisch reservieren.

Ela am 14. Juni: Ich finde das Restaurant nicht so gut.
Mein Salat war leider nicht mehr ganz frisch und die Soße zum Fleisch versalzen. Es kann doch nicht sein, dass man für so ein Essen auch noch über 20 Euro bezahlen muss?

**2** **Wer schreibt was? Ergänzen Sie die Namen.**

a *Lola* findet es schade, dass man reservieren muss.
b ___________ findet, dass der Service besser sein könnte.
c ___________ ärgert sich, dass das Lokal teuer ist.
d ___________ findet, dass es in dem Lokal zu laut ist.
e ___________ beschwert sich über das Essen.
f ___________ findet gut, dass man viel Essen bekommt.

TIPP
Sie verstehen einen Text nicht genau? Beim ersten Lesen müssen Sie noch nicht jedes Wort verstehen, sondern nur die Idee, z. B. ist in einem Kommentar etwas positiv oder negativ?

# TRAINING: AUSSPRACHE *b-d-g und p-t-k*

▶1 34 **1** **Hören Sie und sprechen Sie nach.**

a Besteck – bunt – bitte — Pizza – Pommes – Paprika
b doch – danke – Dose — Tasse – Teller – Thunfisch
c Geschirr – Glas – Gabel — Kanne – Kaffee – Kellner

▶1 35 **2** **Was fehlt? Ergänzen Sie und lesen Sie die Sätze laut. Hören Sie dann und vergleichen Sie.**

a ___itte ___esteck! ___anke!
b ___och ___eine ___ommes, lieber ___izza.
c Eine ___ose ___hunfisch, bitte.
d Eine ___asse ___ee oder lieber eine ___anne ___affee?
e ___unte ___läser, ___roße ___eller – mein ___eschirr!
f ___itte ___eine ___artoffeln, lieber ___üree.

# TEST

## 1 Im Restaurant. Ergänzen Sie.

WÖRTER

a ■ Entschuldigung, ich habe kein Besteck.
  ● Hier ist der __________ für Ihre Suppe.

b ■ Ich möchte gerne einen Tee.
  ● Eine Tasse oder eine __________?

c ■ Der Salat schmeckt langweilig. Bringen Sie mir bitte Essig und __________.
  ● Gerne. Hier sind auch Salz und __________.

d ■ Bitte, hier ist Ihr Kaffee.
  ● Danke. Kann ich bitte Milch und __________ haben?

e ■ Können Sie uns bitte die __________ bringen?
  ● Zahlen Sie zusammen oder __________?

_ / 7 PUNKTE

## 2 Schreiben Sie Sätze mit *dass*.

STRUKTUREN

| | |
|---|---|
| a Die Pommes sind versalzen. | Ich finde, dass die Pommes versalzen sind. |
| b Die Suppe ist kalt. | Kann es sein, dass __________? |
| c Es gibt einen Obstsalat. | Gut, dass __________. |
| d Hoffentlich haben sie Apfelkuchen. | Ich hoffe, dass __________. |

_ / 3 PUNKTE

## 3 Ordnen Sie zu und schreiben Sie Sätze mit *dass*.

STRUKTUREN

Schön | Schade | Ich glaube | ~~Kann es sein~~ | Ich hoffe

a Der Kellner hat den Salat vergessen.
b Hoffentlich bekommen die Kinder bald ihr Essen.
c Das Lokal hat wahrscheinlich am Montag geschlossen.
d Leider darf ich keine Milchprodukte essen.
e Unser Chef hat die Rechnung bezahlt.

a Kann es sein, dass der Kellner den Salat vergessen hat?

_ / 4 PUNKTE

## 4 Ordnen Sie zu.

KOMMUNIKATION

Ich möchte bitte | Verzeihen Sie | Das tut mir | Was kann ich Ihnen | Ich hätte | Ich gebe es

a ■ __________ (1) bestellen.
  ● __________ (2) bringen?
  ■ __________ (3) gern einen Apfelsaft.

b ▲ __________ (4), aber der Löffel ist nicht sauber.
  ◆ Oh! __________ (5) leid. Ich bringe Ihnen einen anderen.
  ▲ Und die Suppe ist kalt und versalzen.
  ◆ __________ (6) an die Küche weiter.

_ / 6 PUNKTE

| Wörter | | Strukturen | | Kommunikation | |
|---|---|---|---|---|---|
| ● | 0–3 Punkte | ● | 0–3 Punkte | ● | 0–3 Punkte |
| ● | 4–5 Punkte | ● | 4–5 Punkte | ● | 4 Punkte |
| ● | 6–7 Punkte | ● | 6–7 Punkte | ● | 5–6 Punkte |

www.hueber.de/menschen

# LERNWORTSCHATZ

## 1 Wie heißen die Wörter in Ihrer Sprache? Übersetzen Sie.

**Im Restaurant**
Besteck das, -e
Gabel die, -n
Glas das, ⸚er
Kanne die, -n
CH: Krug der, ⸚e
Löffel der, -
Lokal das, -e
A: Gasthaus das, ⸚er / Beisel das,-
Messer das, -
Rechnung die, -en
Die Rechnung, bitte!
Tasse die, -n
Teller der, -

reservieren, hat reserviert
stimmen
stimmt so
zusammen ↔ getrennt zahlen
Augenblick
einen Augenblick, bitte
Moment
einen Moment, bitte
Verzeihen Sie

**Lebensmittel und Speisen**
Essig der
Hähnchen das, -
A: Hendl das, -
CH: Poulet das, -s
Öl das, -e
Pommes frites die (Pl.)
Salz das
Soße die, -n
Schnitzel das, -
Steak das, -s
Zucker der

**Weitere wichtige Wörter**
reagieren, hat reagiert
wenigstens
dass
sondern

TIPP
Was passt zusammen? Lernen Sie Wortpaare.

Essig – Öl

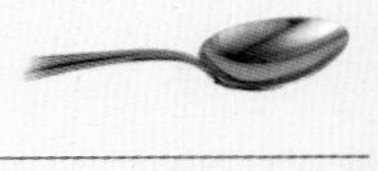
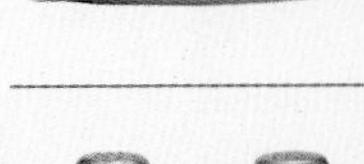

## 2 Welche Wörter möchten Sie noch lernen? Notieren Sie.

# Ich freue mich so.

KB 3 **1** **Schreiben Sie die Wörter richtig.**

WÖRTER

a

Papeterie Müller & Söhne
Bei uns finden Sie alles aus Papier: *Postkarten* (karPostten), Briefpapier, ______________ (umBriefgeschlä), ______________ (teHef), ______________ (blöNocketiz), Kalender und noch viel mehr!

b

**INDIVIDUELLE MÖBEL**
In unserer ______________ (Westattrk) ______________ (enstell) wir Möbel nach den Wünschen von unseren ______________ (enKudn) ______________ (reh). Und wir ______________ (denverwen) kein Holz aus dem Regenwald. Modelle finden Sie auf unserer Homepage.

c

Günstiger Reiseveranstalter: Wir ______________ (orsierganien) Reisen für Jugendliche und ______________ (gejun) ______________ (eneErwachs).

d

**Warum steigen in der letzten Zeit die Preise so ______________ (rksta)?**
Was sind die ______________ (deGrün)?
Lesen Sie den ______________ (keltiAr) auf Seite 12.

KB 4 **2** **Ordnen Sie zu.**

KOMMUNIKATION

würde ich auch gern arbeiten | ~~denke~~ | Meiner Meinung nach | gefällt mir besonders gut | besten gefällt uns | finde es schrecklich | würde nicht gern | bin froh

SECOND-HAND-MÖBELHAUS GÄSTEBUCH

| Erstellt von | Kommentar |
| --- | --- |
| Name: Lina am 3. März | Ich *denke* (a), dass so ein Möbelhaus eine gute Idee ist. Aber ich selbst ______________ (b) Second-Hand-Möbel kaufen. Denn ich möchte keine Möbel von anderen Leuten. Ich ______________ (c), dass ich genug Geld für neue Möbel habe. |
| Name: Alexander am 12. April | Ich ______________ (d), dass man Möbel so oft wegwirft und dann neue kauft. Deshalb ______________ (e), dass Sie wirklich tolle Second-Hand-Möbel verkaufen. |
| Name: Familie Leuner am 12. April | Wir kaufen gern bei Ihnen ein. Am ______________ (f), dass der Service so gut ist. In Ihrer Firma ______________ (g), weil das Betriebsklima so gut ist. |
| Name: Maria am 12. April | ______________ (h) sollten Sie auch Kleidung und andere Second-Hand-Waren verkaufen, nicht nur Möbel. |

## BASISTRAINING

KB 5 **3** **Ordnen Sie zu.**

WÖRTER

Glas | ~~Holz~~ | Briefumschläge | Stoff | Schmuck

a Mein neuer Schrank ist aus dunklem Holz.

b Dein Kleid ist aus einem sehr schönen ________ .

c In dem ________geschäft in der Müllerstraße gibt es tolle Ringe.

d Für die Einladungskarten habe ich ________ aus farbigem Papier gekauft.

e Ich finde Plastikflaschen nicht gut. Deshalb kaufe ich nur noch Flaschen aus ________.

KB 6 **4** **Was passt zusammen?**

STRUKTUREN ENTDECKEN

**a Ordnen Sie zu.**

1 Streitet — dich doch ein bisschen aus.
2 Verstehen Sie — sich die Kunden.
3 Wir fühlen — sich noch an ihren ersten Arbeitstag erinnern.
4 Ich möchte — mich mit dir unterhalten.
5 Ruh — uns heute sehr gut.
6 Manchmal beschweren — sich mit Ihrer Kollegin?
7 Tina kann — euch doch nicht immer!

**b Ergänzen Sie die Pronomen aus a in der Tabelle.**

| ich | unterhalte | | |
|---|---|---|---|
| du | ruhst | dich | aus |
| er/es/sie/man | erinnert | | |
| wir | fühlen | | |
| ihr | streitet | | |
| sie/Sie | beschweren | | |

KB 6 **5** **Schreiben Sie Aussagesätze und Fragen.**

a Versteht ihr euch gut?

STRUKTUREN

a gut verstehen? (ihr)
b ein bisschen ausruhen können (du)
c nie mit den Kollegen verabreden? (Klaus)
d nicht oft ärgern (wir)
e beschweren (die Gäste)
f mit Paula unterhalten (ich)

KB 6 **6** **Schreiben Sie fünf Sätze mit Reflexivpronomen wie in Übung 4a auf Papierstreifen.**

**Schneiden Sie die Sätze vor dem Reflexivpronomen auseinander. Ihre Partnerin / Ihr Partner kombiniert die passenden Sätze.**

Wir ruhen | uns aus.

KB 7 **7** **Ergänzen Sie die Sätze. Achten Sie auf die Reflexivpronomen.**

STRUKTUREN

Hallo Jan,
wie geht´s Dir? Ich habe im Moment leider ein bisschen Stress im Job.
Außerdem *habe ich mich über einen Kollegen geärgert* (a) (ich – über einen Kollegen – geärgert haben). Er ______________ (b) (die ganze Zeit – mit einer anderen Kollegin – unterhalten haben). Da ______________ (c) (eine Kundin – beschwert haben) und der Kollege hat nicht gut reagiert. Das habe ich ihm gesagt und dann ______________ (d) (wir – gestritten haben). ______________ (e) (du – verstehen) eigentlich gut mit Deinen Kollegen? Zum Glück kommt bald das Wochenende. Ich ______________ (f) (freuen – schon). Am Sonntag ______________ (g) (wir – treffen können).
Hast Du Zeit? Bis dann, Heike

KB 8 **8** **Was sagen die Personen? Ergänzen Sie.**

KOMMUNIKATION

a 

*Ich wünsche* e___ ___ ___ v___ ___l G___ü___ ___!

c 

Ich w___n___ ___ ___e dir a___le___ Gu___ ___.

b 

H___r___l___ ___h w___l___ ___o___m___n!

d 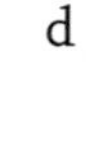 

V___e___ E___ ___o___g!

KB 8 **9** **Eine Glückwunschkarte**

SCHREIBEN

**a** **Ordnen Sie zu.**

~~Wir freuen uns auf die nächsten … Jahre~~ | Herzlichen Glückwunsch zu … | Wir bedanken uns für … | Alles Gute zu … | Vielen Dank für … | Wir gratulieren Ihnen zu … | Wir danken Ihnen für … | Wir wünschen Ihnen für die nächsten … Jahre viel Erfolg / alles Gute.

| gratulieren | sich bedanken | Wünsche für die Zukunft |
|---|---|---|
| | | *Wir freuen uns auf die nächsten … Jahre.* |

**b** **Schreiben Sie eine Glückwunschkarte. Benutzen Sie Sätze aus a.**
**Ihre Kollegin / Ihr Kollege arbeitet seit zehn Jahren zusammen mit Ihnen in einer Firma.**

- Überlegen Sie sich zuerst: Möchten Sie Du oder Sie sagen?
- Schreiben Sie zu folgenden Punkten:
  - Gratulieren Sie.
  - Bedanken Sie sich für die Zusammenarbeit.
  - Schreiben Sie auch Wünsche für die Zukunft.
- Vergessen Sie die Anrede und den Schluss nicht.

# TRAINING: SPRECHEN

## 1 Eine Geschäftsidee bewerten

**a Lesen Sie den Text und notieren Sie.**

- Was soll man mit alten Sachen machen? Man kann sie ins Second-Hand-Kaufhaus bringen.
- Wem hilft das Kaufhaus?
- Wie sind die Preise?

Ihr Schrank passt nicht mehr in die neue Wohnung? Ihre Tochter braucht ihre Kinderbücher nicht mehr? Sie müssen nicht gleich alles wegwerfen. Bringen Sie die Sachen ins Second-Hand-Kaufhaus. Das Kaufhaus verkauft Möbel, Haushaltsgeräte, Bücher, Geschirr, Kleidung, Schmuck und vieles mehr. Außerdem hilft das Second-Hand-Kaufhaus Menschen ohne Arbeit: Viele Mitarbeiter waren lange arbeitslos. Hier haben sie wieder eine Chance bekommen. Und die Kunden freuen sich über die günstigen Preise.

**b Ordnen Sie zu.**

~~Ich glaube (nicht), dass …~~ | Ich finde es schön, dass … | Am besten / Besonders gut gefällt mir, dass … | Ich finde es schrecklich/traurig/schlimm, dass … | Ich bin froh, dass … | Ich denke (nicht), dass …

| positiv | neutral | negativ |
|---|---|---|
| | Ich glaube (nicht), dass … | |

**c Sagen Sie Ihre Meinung zu folgenden Sätzen. Die Sätze in b helfen.**

- Wir werfen viel zu viel weg.
- Es gibt viele arbeitslose Menschen.
- Das Second-Hand-Kaufhaus ist eine gute Idee.
- Arbeitslose haben eine Chance bekommen.

TIPP: Sie machen beim Sprechen viele Fehler? Konzentrieren Sie sich nur auf eine Sache, z.B.: In dass-Sätzen steht das Verb immer am Ende.

# TRAINING: AUSSPRACHE *Satzmelodie vor Nebensätzen*

▶ 1 36 **1 Hören Sie. Achten Sie auf die Satzmelodie: → ↘.**

a Es ist Wahnsinn →, dass wir so viele Dinge wegwerfen. ↘
b Ich denke →, dass die Geschäftsidee gut ist. ↘
c Ich kaufe immer Briefumschläge aus Altpapier →, weil ich die besonders schön finde. ↘

▶ 1 37 **Hören Sie noch einmal und sprechen Sie nach.**

▶ 1 38 **2 Hören Sie und ergänzen Sie die Satzmelodie: → oder ↘.**

a Ich bin glücklich ______, dass unsere Produkte den Kunden gefallen. ______
b Meine Mitarbeiter arbeiten gern hier ______, weil die Arbeit so interessant ist. ______
c Ich finde es schlimm ______, dass wir so viel wegwerfen. ______

▶ 1 39 **Hören Sie noch einmal und sprechen Sie nach.**

# TEST

WÖRTER

## 1 Ordnen Sie zu.

Rucksäcke | Artikel | ~~Werkstatt~~ | Meinung | Mitarbeiterinnen | Schmuck | Briefpapier

■ Wie geht es Tabea? Ich habe sie so lange nicht gesehen.
● Gut. Sie hat seit fünf Jahren eine eigene *Werkstatt* (a). Sie und ihre drei ______________ (b) stellen aus alten Plastikflaschen Taschen her. Aktentaschen, Handtaschen und ______________ (c). Aber sie machen auch ______________ (d). Ich habe schon ein paar Ringe und Ketten von ihr gekauft.
■ Wo verkauft sie ihre Produkte? In ihrer Werkstatt?
● Nein. Kennst du das „Kunstkontor" in der Alten Gasse 10? Dort verkaufen viele Künstler. Die Sachen aus Papier wie die Notizblöcke oder das ______________ (e) sind meiner ______________ (f) nach besonders schön. Erst letzte Woche war ein ______________ (g) über den Laden in der Zeitung.

_ / 6 PUNKTE

STRUKTUREN

## 2 Schreiben Sie Sätze.

a *Ich verstehe mich gut mit meinen Kollegen*. (ich – sich verstehen – gut mit meinen Kollegen)
b ______________? (du – sich erinnern – an den letzten Urlaub)
c ______________. (meine Kinder – sich streiten – schon wieder)
d ______________. (Tobias – sich ärgern – sehr)
e Hallo, Frau Huber. ______________? (Sie – sich fühlen – wie)

_ / 4 PUNKTE

KOMMUNIKATION

## 3 Alles Gute zum Jubiläum. Ordnen Sie zu.

viel Erfolg | für die gute Zusammenarbeit | herzlichen Glückwunsch | finde es schön | wünschen für die Zukunft | freue ich mich auch

Liebe Frau Fröhlich,

______________ (a) zum fünfjährigen Jubiläum!
Ich ______________ (b),
dass so viele Leute Ihre Produkte kaufen.
Natürlich ______________ (c),
dass Sie Ihre schönen Taschen bei uns im „Kunstkontor" anbieten.
Wir danken Ihnen ______________ (d)
und ______________ (e) weiterhin
______________ (f).

_ / 6 PUNKTE

| Wörter | | Strukturen | | Kommunikation | |
|---|---|---|---|---|---|
| ● | 0–3 Punkte | ● | 0–2 Punkte | ● | 0–3 Punkte |
| ● | 4 Punkte | ● | 3 Punkte | ● | 4 Punkte |
| ● | 5–6 Punkte | ● | 4 Punkte | ● | 5–6 Punkte |

www.hueber.de/menschen

# LERNWORTSCHATZ

## 1 Wie heißen die Wörter in Ihrer Sprache? Übersetzen Sie.

**In der Firma**
Kunde der, -n
Notiz die, -en
Notizblock der, ⸚e
Werkstatt die, ⸚en

her·stellen, hat hergestellt
organisieren, hat organisiert
verwenden, hat verwendet

**Produkte**
Briefumschlag der, ⸚e
A: Kuvert das, -s
CH: Couvert das, -s
Handtasche die, -n

weg·werfen, hat weggeworfen

**Glückwünsche**
viel Erfolg
viel Glück

bedanken (sich), hat sich bedankt
wünschen, hat gewünscht

**Weitere wichtige Wörter**
Artikel der, -
Erwachsene der/die, -n
Grund der, ⸚e
Meinung die, -en
meiner Meinung nach
Schmuck der
Stoff der, -e

erinnern (sich), hat sich erinnert
fühlen (sich), hat sich gefühlt
streiten (sich), hat sich gestritten
unterhalten (sich), hat sich unterhalten
verlieren, hat verloren

froh
jung
schrecklich
stark

willkommen

TIPP
Lernen Sie Wörter mit Bewegung. Spielen Sie die Bedeutung von Wörtern.

Ich fühle mich stark.

## 2 Welche Wörter möchten Sie noch lernen? Notieren Sie.

# Wenn es warm ist, essen wir meist Salat.

KB 3 Wiederholung Wörter

## 1 Was passt nicht? Streichen Sie das falsche Wort durch.

a Banane – Birne – Zitrone – ~~Zwiebel~~

b Fleisch – Quark – Braten – Wurst

c Obst – Mehl – Zucker – Salz

d Cola – Bohne – Saft – Kaffee

KB 3 Wörter

## 2 Ergänzen und vergleichen Sie.

| | Deutsch | Englisch | Meine Sprache oder andere Sprachen |
|---|---|---|---|
| | Getreide | cereals/grain | |
| | | fish | |
| | | lemonade | |
| | | mineral water | |
| | | bread | |
| | | tea | |

KB 3 Wörter

## 3 Freizeitaktivitäten: Lesen Sie die Statistik und ordnen Sie zu.

**Das machen die Deutschen in ihrer Freizeit.**

die Hälfte | häufiger | doppelt | Prozent | ~~Rund~~

a Rund die Hälfte der Deutschen geht einmal pro Woche ins Internet.

b Circa __________ so viele sehen mindestens einmal in der Woche fern.

c Genau __________ der Deutschen macht mindestens einmal pro Woche gar nichts.

d Noch wichtiger ist den Deutschen das Ausschlafen. Das machen 65 __________ der Deutschen mindestens einmal pro Woche.

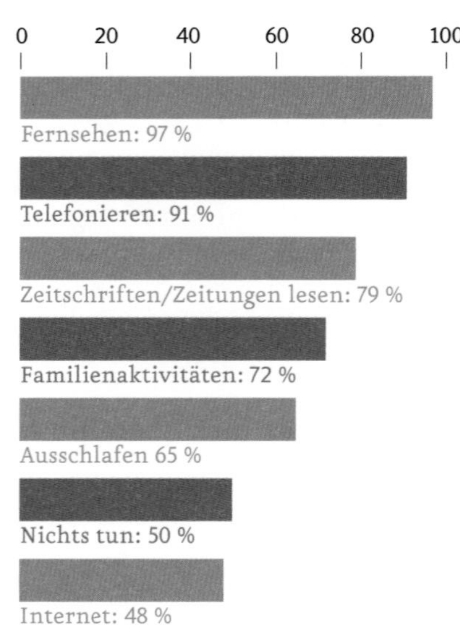


e Zeitschriften und Zeitungen lesen rund 80 Prozent der Deutschen, aber noch __________ telefonieren die Deutschen.

KB 4 **4 Was hat Sie in Deutschland am meisten überrascht? Ergänzen Sie die Wörter.**

WÖRTER

a Es hat mich gewundert (uwrtngede), dass das Wetter im letzten Sommer so schön war und es ______________ (ukam) geregnet hat. Ich habe ______________ (gcheatd), dass es in Deutschland viel mehr regnet.

b Es hat mich ______________ (rüasbercht), dass die Deutschen im Sommer so viel in Straßencafés sitzen. Das ist ____________ (negsauo) wie in meiner Heimat.

c In Deutschland kommt man meistens pünktlich zu einer Einladung zum Essen. Das war mir nicht __________ (alkr). Das ist bei uns ganz ______________ (danser).

d Ich finde es wirklich ______________ (sikmoch), dass so viele Deutsche nur Marmelade und Honig zum Frühstück essen.

KB 4 **5 Und was hat Sie in Deutschland am meisten überrascht? Schreiben Sie vier Sätze wie in 4. Ihre Partnerin / Ihr Partner ergänzt die Wörter.**

KB 5 **6 Wenn es regnet, dann ...**

STRUKTUREN ENTDECKEN

**a Ordnen Sie zu.**

Wir machen am liebsten eine Radtour, | Wenn meine Eltern kommen, | ~~Wenn es regnet,~~ | Wir holen uns eine Pizza,

dann brate ich leckere Steaks. | ~~dann bleibe ich am liebsten zu Hause und sehe mir einen Film an.~~ | wenn der Kühlschrank leer ist. | wenn die Sonne scheint.

1 Wenn es regnet, dann bleibe ich am liebsten zu Hause und sehe mir einen Film an.

2 ______________

3 ______________

4 ______________

**b Lesen Sie die Sätze in a noch einmal, markieren Sie die Verben in den *wenn*-Sätzen. Kreuzen Sie dann an.**

| | | |
|---|---|---|
| Wo kann der *wenn*-Satz stehen? | ○ Vor dem Hauptsatz. | ○ Nach dem Hauptsatz. |
| Wo steht das Verb in *wenn*-Sätzen? | ○ Am Ende. | ○ An Position 2. |

KB 5 **7** **Sortieren Sie die *wenn*-Sätze.**

STRUKTUREN

a schön – sein – das Wetter
*Wenn das Wetter schön ist*, (dann) grillen wir mit Freunden im Garten.

b unsere Mitbewohnerin – haben – Geburtstag
Wenn ______________________________,
(dann) darf sie sich ein Essen aussuchen.

c gehen – wir – einkaufen
Wir kaufen immer Lebensmittel für die ganze Woche,
wenn ______________________________.

KB 6 **8** **Schreiben Sie Sätze mit *wenn*.**

STRUKTUREN

a Der Urlaub soll preiswert sein. Wir besuchen meine Eltern am Meer.
*Wenn der Urlaub preiswert sein soll, (dann) besuchen wir meine Eltern am Meer.*

b Mein Mann macht eine Diät. Er hat schlechte Laune.
Wenn ______________________________.

c Er möchte scharf und vegetarisch essen. Maximilian isst indisch.
Maximilian isst indisch, ______________________________.

d Kolja möchte sparen. Er isst kaum Fleisch und er kocht häufiger Nudeln.
Wenn ______________________________.

KB 7 **9** **Hörer-Umfrage: Was ist Ihre Meinung?**

HÖREN

▶1 40 **a** **Was ist das Thema des Fernsehtipps? Hören Sie und kreuzen Sie an.**

○ 1 **Kochen mit Tom!**
Die neue Kochsendung mit dem Starkoch Tom Bälzer.

○ 2 **Restaurants im Test!**
Der neue Restaurantführer von Tom Bälzer.

▶1 41 **b** **Wer sagt was? Hören Sie weiter und kreuzen Sie an.**

| | Frau Bah | Frau Meißner | Herr Bielenberg |
|---|---|---|---|
| 1 Ich interessiere mich nicht für Kochen. | ○ | ○ | ○ |
| 2 Mir gefallen Kochsendungen im Fernsehen sehr gut. | ○ | ○ | ○ |
| 3 Ich finde, dass es schon genug Kochsendungen im Fernsehen gibt. | ○ | ○ | ○ |
| 4 Die neue Koch-Show ist wahrscheinlich sehr interessant für mich. | ○ | ○ | ○ |
| 5 Ich koche die Gerichte oft nach. | ○ | ○ | ○ |
| 6 Ich bin Vegetarier und esse überhaupt kein Fleisch. | ○ | ○ | ○ |

# TRAINING: SCHREIBEN

## 1 Lesen Sie den Forumsbeitrag.

**Welche Sätze oder Satzanfänge drücken die Meinung / die Überraschung des Autors aus? Markieren Sie.**

| | THEMA: Essgewohnheiten der Deutschen |
|---|---|
| VON: Leon<br>AM: 12.März<br>34 Beiträge | Hallo Leute,<br>ich habe heute eine Umfrage über die Essgewohnheiten der Deutschen gelesen. Das war total interessant. Viele haben Stress und keine Zeit für ein langes Mittag- oder Abendessen. 43 Prozent essen, wenn sie Zeit haben, und dann muss es meistens schnell gehen. Deshalb wundert es mich nicht, dass 40 Prozent gesagt haben, sie essen zu viel Fast Food. Das ist bei mir leider auch oft so. Nur 39 Prozent der Deutschen achten beim Essen besonders auf den Preis. Das überrascht mich. Ich habe immer gedacht, die meisten Deutschen kaufen vor allem preiswerte Lebensmittel. Was sagt ihr zu diesen Ergebnissen? Seid ihr überrascht? Wie ist es eigentlich in anderen Ländern? Das würde mich total interessieren. |

TIPP: Sie möchten z.B. in einem Forum etwas kommentieren. Sammeln Sie vorher typische Sätze.

## 2 Schreiben Sie eine Antwort auf Leons Beitrag.

Schreiben Sie zu folgenden Punkten:
- Was hat Sie bei den Umfrageergebnissen überrascht? Was war Ihnen klar?
- Was ist in Ihrem Heimatland wie in Deutschland und was ist anders (Zeit für das Essen, Fast Food, Preise von Lebensmitteln)?

# TRAINING: AUSSPRACHE *unbetontes „e" im Präfix Ge-, ge-*

## ▶1 42 1 Hören Sie und markieren Sie den Wortakzent.

Ge<u>richt</u> – Getreide – Gemüse – Geschmack – genug – gesund – gekocht

## ▶1 43 2 Hören Sie und sprechen Sie nach.

Gemüse gekauft.
Getreide auch!
Gemüsegericht gekocht.
Gemüse und Getreide gegessen.
Gemüse und Getreide sind gesund.
Doch jetzt ist es genug!

# TEST

## 1 Was essen die Deutschen? Ordnen Sie zu.

Wörter

Prozent | genug | Hälfte | ~~rund~~ | durchschnittlich

Obst und Gemüse sind gesund. Aber *rund* (a) 70 Prozent der Deutschen essen nicht ______________ (b) Obst und Gemüse. Auch Fisch ist nicht sehr beliebt, ______________ (c) essen Männer und Frauen nur 26 Gramm pro Tag. Männer essen viel mehr Fleisch als Frauen. Pro Tag verbrauchen Männer 103 Gramm. Frauen essen mit 53 Gramm nur die ______________ (d). Nur 1,6 ______________ (e) sind Vegetarier.

_ / 4 Punkte

## 2 Ergänzen Sie die Sätze.

Strukturen

a Ich backe gern, wenn *ich Zeit habe*. (Zeit haben – ich)

b Wenn mir das Essen im Restaurant nicht schmeckt, ______________. (sich beschweren – ich).

c Meine Tochter wünscht sich immer eine Pizza, wenn ______________. (Geburtstag haben – sie)

d Ich finde es schlimm, wenn ______________. (zu viel Alkohol trinken – Jugendliche)

e Wenn mein Mann keinen Sport macht, ______________. (schlechte Laune haben – er)

f Ich mag Schweinefleisch nur, wenn ______________. (mager sein – es)

_ / 5 Punkte

## 3 Ordnen Sie zu.

Kommunikation

bei uns | mir nicht klar | seiner Heimat | ich komisch | ich nicht gedacht | wirklich

■ Wie war deine Zeit in Deutschland? Wie war das Essen?
● Sehr gut. Dass die Kuchen dort so lecker schmecken, habe ______________(a).
■ Oh, ______________(b)?
● Es war ______________(c), dass die Deutschen zum Frühstück oft Brot mit Honig oder Marmelade essen.
■ Echt? Sie essen keine Spiegeleier mit Bohnen und Schinken wie ______________(d)? Das finde ______________(e)!
● Ja, das hat mich auch überrascht. Mein Onkel aus Argentinien hat erzählt, dass die Leute in ______________(f) zum Frühstück nur einen Kaffee trinken.
■ Ach komm!

_ / 6 Punkte

| Wörter | | Strukturen | | Kommunikation | |
|---|---|---|---|---|---|
| ● | 0–2 Punkte | ● | 0–2 Punkte | ● | 0–3 Punkte |
| ● | 3 Punkte | ● | 3 Punkte | ● | 4 Punkte |
| ● | 4 Punkte | ● | 4–5 Punkte | ● | 5–6 Punkte |

www.hueber.de/menschen

# LERNWORTSCHATZ

## 1 Wie heißen die Wörter in Ihrer Sprache? Übersetzen Sie.

**Essen und Getränke**

Alkohol der ______
Gericht das, -e ______
A: Speise die, -n
Getreide das ______
Huhn das, ¨-er, ______
CH: Poulet das, -s
Hühnerfleisch das ______
CH: Pouletfleisch das
Lebensmittel das, - ______
Limonade die, -n ______
CH: Süssgetränk das, -e
Mineralwasser das ______
Rind das, -er ______
Rindfleisch ______
Schwein das, -e ______
Schweinefleisch ______

braten, hat gebraten ______

scharf ______
vegetarisch ______

**Mengen**

Hälfte die, -n ______

doppelt ______
doppelt so viele ______
durchschnittlich ______
genug ______
häufig ______
kaum ______
rund ______

**Weitere wichtige Wörter**

Deutsche der/die, -n ______
ein Deutscher ______
eine Deutsche ______
Heimat die ______
Zeitschrift die, -en ______

an·sehen, hat angesehen ______
aus·suchen, hat ausgesucht ______
holen, hat geholt ______
überraschen, hat überrascht ______
verbrauchen, hat verbraucht ______
vorbereiten (sich), hat sich vorbereitet ______
wundern (sich), hat sich gewundert ______

preiswert ______
A/CH: günstig
wahrscheinlich ______

Komisch! ______

wenn – dann ______

TIPP Erklären Sie Wörter.

LIMONADE — Das ist ein Getränk ohne Alkohol. Es hat viel Zucker.

## 2 Welche Wörter möchten Sie noch lernen? Notieren Sie.

______
______
______
______
______
______

# WIEDERHOLUNGSSTATION: WORTSCHATZ

## 1 Ordnen Sie zu.

~~Getreide~~ | Obst | Nudeln | Fisch | Tee | Limonade | Wein | Tasse | Fleisch | Kanne | Teller

| Getränke | Lebensmittel | Geschirr |
|---|---|---|
| | Getreide, | |

## 2 Ordnen Sie zu.

Prozent | häufiger | doppelt | Hälfte | rund | ~~durchschnittlich~~

### Alles über Schokolade

Macht Schokolade glücklich? Oder macht sie dick? Zu dem Thema Schokolade gibt es viele Umfragen und auch viele unterschiedliche Ergebnisse. Sicher aber sind diese Zahlen:

### Wussten Sie, dass

- jeder Deutsche durchschnittlich (a) mehr als 11 Kilo Schokolade pro Jahr isst? Das ist ______________ (b) so viel wie vor 45 Jahren.
- Vollmilchschokolade ______________ (c) 30 Prozent Fett und 56 ______________ (d) Zucker hat?
- man in Deutschland an Ostern die meiste Schokolade kauft?
- knapp die ______________ (e) der Jugendlichen (48%) fast täglich Schokolade isst?
- Frauen ______________ (f) als Männer Schokolade, aber auch mehr Obst und Gemüse essen?

## 3 Ordnen Sie zu.

bedanken | Arbeit | gratulieren | Mitarbeiter | Erfolg | Jubiläum | wünschen | ~~Betrieb~~

Liebe Frau Neumayer,

am 1. Juli sind Sie genau 20 Jahre in unserem Betrieb (a) tätig, länger als alle anderen ______________ (b). Wir ______________ (c) Ihnen ganz herzlich zu diesem ______________ (d) und ______________ (e) uns für Ihre gute ______________ (f).

Wir hoffen, dass Sie auch in den nächsten Jahren bei uns bleiben und ______________ (g) Ihnen weiterhin viel ______________ (h), Gesundheit und Glück.

Ihr J. Ahlers

# WIEDERHOLUNGSSTATION: GRAMMATIK

## 1 Essen Sie vegetarisch oder lieber Fleisch? Schreiben Sie *dass*-Sätze.

a Fleisch ist gesund und schmeckt gut.
Ich finde, dass Fleisch gesund ist und gut schmeckt.

b Für unser Essen müssen Tiere sterben.
Ich finde es schrecklich, dass ________________.

c So viele Leute essen kein Fleisch mehr.
Es wundert mich, dass ________________.

d Vegetarische Lebensmittel sind gesünder.
Ich glaube, dass ________________.

## 2 Ergänzen Sie, wo nötig, das Reflexivpronomen *sich*.

Tipps für die Kommunikation im Beruf — Beruf | Kommunikation | Tipps

- Bereiten Sie sich (a) auf wichtige Gespräche gut vor.
- Ein guter Chef sollte ______ (b) auch mal bei seinen Mitarbeitern bedanken.
- Sie können ______ (c) Ihre Kollegen besser kennenlernen, wenn Sie ______ (d) in der Kaffeepause mit ihnen unterhalten.
- Reden Sie ______ (e) nie schlecht über einen Kollegen.
- Wenn ______ (f) Kunden beschweren, sollten Sie ______ (g) nicht ärgern, sondern ______ (h) höflich reagieren.

## 3 Der erste Arbeitstag. Ordnen Sie zu und schreiben Sie Sätze mit *wenn*.

Alina arbeitet den ersten Tag als Kellnerin. Ihre Chefin erklärt ihr alles. Was soll Alina machen?

a Gäste bestellen viel.
b Das Besteck ist nicht ganz sauber.
c Ein Gast möchte vegetarisch essen.
d Gäste reservieren einen Tisch.
e Sie bekommen Trinkgeld.

Empfehlen Sie das Gemüsegericht.
Schreiben Sie das bitte immer auf.
Sie sollten sich natürlich immer bedanken.
Sie dürfen es den Gästen auf keinen Fall geben.
Schreiben Sie es auf Ihren Notizblock.

a Wenn die Gäste viel bestellen, schreiben Sie es auf Ihren Notizblock.

## 4 Ergänzen Sie *wenn*, *dass*, *weil*, *denn* oder *deshalb*.

Hallo Lola,
weißt Du eigentlich schon, dass (a) ich als Kellnerin in dem kleinen vegetarischen Lokal arbeite? Die Kollegen und die Chefin sind total nett, ________ (b) arbeite ich dort wirklich gern. Außerdem verdiene ich ganz gut, ________ (c) die Gäste meistens viel Trinkgeld geben. ________ (d) Du magst, kannst Du ja auch mal zum Essen kommen. Am besten kommst Du in der Mittagspause, ________ (e) da gibt es immer preiswerte Gerichte. Bis dann, Jule

# SELBSTEINSCHÄTZUNG Das kann ich!

## Ich kann jetzt ...

**... im Restaurant bestellen:** L10

- ● Was kann ich Ihnen ______________?
- ▼ Ich __________ gern __________ __________, aber nicht ______________________, sondern ______________.

**... im Restaurant reklamieren:** L10

- ▲ Verzeihen __________, der Salat ist nicht ______________.
- ■ Oh! Das ______________ leid.
- ▲ Das Messer ist nicht ______________.
  Könnte ______________________________?

**... im Restaurant bezahlen:** L10

- ■ ______________, bitte.
- ▲ Das ______________ 27,60. ■ 30 Euro. ______________ so.

**... etwas bewerten:** L11

Wir werfen so viel weg. Das ist schrecklich.
= Ich ______________________________________.
Dort bekommen viele Jugendliche einen guten Job. Das gefällt mir besonders gut.
= Besonders ______________________________________.

**... gratulieren:** L11

H__________ G______________ / A__________ G______________
zum Jubiläum!

**... mich bedanken:** L11

Vielen Dank für die gute Zusammenarbeit!
= Wir ______________________. (danken, du)
= Ich ______________________. (sich bedanken)

**... Überraschung ausdrücken:** L12

- ■ Es ü__________ __________, __________ die Deutschen so wenig Fisch essen.
- ▲ Ja. K__________! Das w__________ __________ auch.

**... Vergleiche mit dem Heimatland ausdrücken:** L12

- ■ Am häufigsten essen die Deutschen Brot und Getreideprodukte.
- ▲ In meiner Heimat essen ______________________.
- ● Bei uns essen ______________________.

## Ich kenne ...

**... 10 Dinge auf dem Tisch im Restaurant:** L10

______________________________________

**... 8 Gebrauchsgegenstände:** L11

______________________________________

**... 10 Lebensmittel:** L12

______________________________________

# SELBSTEINSCHÄTZUNG Das kann ich!

**Ich kann auch ...**

**... Bewertungen und Gedanken ausdrücken (Satzverbindung: *dass*):** L10/L11

Sie haben Pommes. Das ist schön.:
Schön, dass ______________________________.
Es gibt keine Pizza. Das ist schade.:
Schade, ______________________________.

**... Verben verwenden, die auf das Subjekt verweisen (reflexive Verben):** L11

Es geht mir gut. = ______________________. (sich fühlen)
Er ist froh. = ______________________. (sich freuen)

**... Zusammenhänge ausdrücken (Satzverbindung: wenn):** L12

Es muss schnell gehen. Es gibt auch mal eine Pizza.
Es gibt ______________________________.

**Üben / Wiederholen möchte ich noch:**

______________________________

# RÜCKBLICK

## Wählen Sie eine Aufgabe zu Lektion 10

### 1 Eine Einladung zum Essen

Sie haben zwei Freundinnen/Freunde zum Essen eingeladen. Was gibt es zu essen/trinken? Was stellen Sie auf den Tisch? Sehen Sie noch einmal im Kursbuch auf den Seiten 58 und 59 nach.

| | Was? | Was stellen Sie auf den Tisch? |
|---|---|---|
| **Vorspeise** | | *Teller, Salz, ...* |
| **Hauptspeise** | | |
| **Dessert** | | |
| **Getränke** | | |

### 2 Schreiben Sie eine Einladung.

Eine Freundin / Ein Freund möchte typische Gerichte aus Ihrem Land kennenlernen. Laden Sie sie/ihn zum Essen ein.

Schreiben Sie etwas zu folgenden Punkten:
– Wann?
– Was kochen Sie (Vorspeise, Hauptspeise, Dessert)?
– Beschreiben Sie die Gerichte kurz.

*Liebe Susanne,
ich möchte dich zum Essen einladen. Hast du am ... Zeit? Du hast mir gesagt, dass du gern typische polnische Gerichte kennenlernen möchtest. Deshalb koche ich polnisch. Als Vorspeise gibt es Barszcz. Das ist eine Suppe aus ...*

# RÜCKBLICK

## Wählen Sie eine Aufgabe zu Lektion 11

**1 Lesen Sie noch einmal den Zeitungsartikel im Kursbuch auf Seite 62. Notieren Sie die Informationen.**

a Wie heißt die Firma? Restlos glücklich
b Seit wann gibt es die Firma?
c Wer hat die Firma gegründet? Wie alt war die Person da?
d Was ist die Geschäftsidee?
e Wie viele Mitarbeiter hatte die Firma am Anfang?
f Wie viele Mitarbeiter hat die Firma heute?
g Was findet der Bürgermeister Ludger Rennert an der Firma gut?

**2 Kennen Sie eine interessante Firma?**

**a** Suchen Sie Informationen über die Firma. Beantworten Sie Fragen wie in **1**.

**b** Schreiben Sie einen Text.

Die Firma „Freitag" gibt es seit 1993.

## Wählen Sie eine Aufgabe zu Lektion 12

**1 Was sind die Essgewohnheiten von Familie Melander? Was meinen Sie? Sehen Sie das Bild im Kursbuch auf Seite 65 an und lesen Sie noch einmal die Statements im Kursbuch auf Seite 67 (Aufgabe 5a).**

a Was isst die Familie zum Frühstück?
b Was kocht Astrid Melander?
c Was isst Hannes gern?
d Was isst Nina gern?

**2 Ihre Kindheit: Was waren die Essgewohnheiten in Ihrer Familie? Machen Sie Notizen und schreiben Sie dann einen Text.**

a Was hat Ihre Familie zum Frühstück gegessen?
b Was hat Ihre Mutter / Ihr Vater gekocht?
c Gab es zu Ihrem Geburtstag oder zu Festen ein besonderes Essen?
d Was haben Sie als Kind am liebsten gegessen?
e Was haben Sie als Kind überhaupt nicht gern gegessen?

In der Woche haben wir zum Frühstück meistens Hafergrütze mit Obst gegessen. Am Wochenende …

# NUR WIR FÜNF

## Teil 4: Nur wir fünf

Der Abend ist warm.
Die Freunde sitzen im Garten von einem kleinen Restaurant in Prenzlauer Berg.
Sie haben gut gegessen und dann noch einmal Getränke bestellt.
Inas Handy piept. Eine SMS.
Ina lächelt.
„Diogo möchte auch noch kommen. Ist das okay?", fragt sie.
„Das ist unser letzer gemeinsamer Abend, Ina", sagt Ralf. „Ich finde es schade, wenn wir da nicht alleine sind."

„Aber mit Diogo ist es auch der letzte Abend."
„Aha! Ina gefällt Diogo", singt Bernd.
„Ach was, Diogo ist nett, das ist alles."
„Ina gefällt Diogo ..."
„Okay, er gefällt mir. Diogo ist ziemlich toll."
„Warum bleibst du nicht noch ein paar Tage länger?", fragt Ralf. „Dann kannst du Diogo besser kennenlernen. Er ist noch eine Woche in Berlin."
„Gute Idee!" sagt Max. „Und nächstes Jahr fahren wir alle nach Brasilien ..."
„... zur Hochzeit von Ina und Diogo", sagt Bernd.
„Ihr seid so dumm!"
Alle lachen.

Es war ein schöner Urlaub.
Natürlich, es ist nicht mehr alles so wie vor zehn Jahren. Sie sind jetzt sehr verschieden.
Aber sie haben viel Spaß zusammen gehabt: Sie waren gemeinsam am Fernsehturm und haben die Stadt von oben angesehen, sie haben im Park von Schloss Charlottenburg gelegen, sie sind mit dem Boot auf der Spree gefahren ...
„Ich finde, es ist Zeit für unseren Abschied", sagt Ralf und steht auf. „So wie wir ihn immer machen."
Auch die anderen stehen auf und nehmen ihre Gläser.
„Nur wir fünf", sagt Ralf.
„Nur wir fünf!"
Sie trinken.
„Immer Freunde", sagt Ina.
„Immer Freunde!"
Sie trinken.
Erst in einem Jahr werden sie sich wiedersehen ...
„Eigentlich ist es noch zu früh", sagt Mara. „Viel zu früh zum Schlafen gehen. Wisst ihr, was wir noch nicht gemacht haben?"
„Oje, ich kann es mir schon denken ...", sagt Bernd.
„Wir waren noch gar nicht tanzen. Los, kommt!"
„Oh Mann, ich hab's gewusst ..."

# GRAMMATIKÜBERSICHT

## Artikelwörter und Pronomen

| Possessivartikel unser/euer/ihr/Ihr L01 | | | | |
|---|---|---|---|---|
| | **wir** | **ihr** | **sie (Plural)** | **Sie (Singular/ Plural)** |
| ● | unser | euer | ihr | Ihr Opa |
| ● | unser | euer | ihr | Ihr Baby |
| ● | unsere | eure | ihre | Ihre Tante |
| ● | unsere | eure | ihre | Ihre Neffen |

| Possessivartikel im Nominativ, Akkusativ und Dativ L01 | | | |
|---|---|---|---|
| | **Nominativ**<br>Das ist/sind … | **Akkusativ**<br>Siehst du …? | **Dativ**<br>mit … |
| ● | mein Opa | mein**en** Opa | mein**em** Opa |
| ● | mein Baby | mein Baby | mein**em** Baby |
| ● | meine Tante | meine Tante | mein**er** Tante |
| ● | meine Neffen | meine Neffen | mein**en** Neffen |
| *auch so:* dein-, sein-, ihr-, unser-, eu(e)r-, ihr-, Ihr- | | | |

## Verben

| Vorschläge und Ratschläge: Konjunktiv II von können, *sollen* L07 | | |
|---|---|---|
| | **können** | **sollen** |
| ich | könnte | sollte |
| du | könntest | solltest |
| er/es/sie | könnte | sollte |
| wir | könnten | sollten |
| ihr | könntet | solltet |
| sie/Sie | könnten | sollten |

| reflexive Verben L11 | |
|---|---|
| Aber ich fühle mich trotzdem prima. | |
| ich fühle | mich |
| du fühlst | dich |
| er/es/sie fühlt | sich |
| wir fühlen | uns |
| ihr fühlt | euch |
| sie/Sie fühlen | sich |
| *auch so:* sich ärgern, sich erinnern, sich freuen, sich entschuldigen, sich unterhalten, sich treffen, sich streiten, sich beschweren … | |

## Präpositionen

| Wechselpräpositionen mit Akkusativ und Dativ L02 | | | | |
|---|---|---|---|---|
| | **Wohin stellen/legen/hängen ...? Akkusativ** | | **Wo steht/liegt/hängt ...? Dativ** | |
| | definiter Artikel | indefiniter Artikel | definiter Artikel | indefiniter Artikel |
| ● | auf den Tisch | auf einen Tisch | auf dem Tisch | auf einem Tisch |
| ● | auf das Regal | auf ein Regal | auf dem Regal | auf einem Regal |
| ● | vor die Wand | vor eine Wand | vor der Wand | vor einer Wand |
| ● | zwischen die Türen | zwischen zwei / –Türen | zwischen den Türen | zwischen zwei / – Türen |

*auch so bei:* an, neben, hinter, über, unter, in

! in dem = im
an dem = am

| temporale Präpositionen von ... an, von... bis, seit + Dativ L06 | |
|---|---|
| **Ab wann?** O—X—▸X | **Wie lange?** X——▸X |
| von morgen an | vom 8. bis zum 10. Juli |
| vom 1. Januar an | seit 1985 |

| | **Wie lange?** | X——▸X |
|---|---|---|
| ● | seit | einem Monat |
| ● | | einem Jahr |
| ● | | einer Stunde |
| ● | | zwei Jahren |

| temporale Präposition über + Akkusativ L06 | | |
|---|---|---|
| | **Wie lange?** | ⟷ |
| ● | über | einen Monat |
| ● | | ein Jahr |
| ● | | eine Stunde |
| ● | | 30 Jahre |

| temporale Präpositionen zwischen + Dativ L07 |
|---|
| **Wann?** |
| zwischen 7.00 und 7.15 Uhr |

# GRAMMATIKÜBERSICHT

## Konjunktionen

| **Konjunktionen: Gründe ausdrücken** L08 | | | |
|---|---|---|---|
| **Hauptsatz + Nebensatz: weil** | | | |
| **Folge** | **Grund** | | |
| Er will mir nur nichts sagen, | weil | meine Krankheit so schlimm | ist. |
| Du hast Probleme, | weil | du so viel auf deinen Körper | hörst. |

| **Hauptsatz + Hauptsatz: deshalb** L08 | | |
|---|---|---|
| **Grund** | **Folge** | |
| Meine Krankheit ist so schlimm. | Deshalb | will er mir nichts sagen. |
| Du hörst so viel auf deinen Körper. | Deshalb | hast du Probleme. |

| **Konjunktion: dass** L10 | | | |
|---|---|---|---|
| Ich hoffe, | dass | sie Pommes | haben. |
| *auch so:*<br>Gut/Schön/Schade/..., dass ...<br>Kann es sein, dass ...?<br>Ich weiß/finde/denke/glaube/hoffe/..., dass ... | | | |

| **Konjunktion: wenn** L12 | |
|---|---|
| **Nebensatz** | **Hauptsatz** |
| Wenn es warm ist, | (dann) essen wir meist Salat. |
| Wenn es schnell gehen muss, | (dann) gibt es auch mal eine Pizza. |
| **Hauptsatz** | **Nebensatz** |
| Wir essen meist Salat, | wenn es warm ist. |
| Es gibt auch mal eine Pizza, | wenn es schnell gehen muss. |

## Adjektive

| Adjektivdeklination: indefiniter Artikel L04 | | | | | | |
|---|---|---|---|---|---|---|
| | **Nominativ**<br>Das ist/sind ... | | **Akkusativ**<br>Ich hätte gern ... | | **Dativ**<br>mit ... | |
| ● | ein magerer | Schinken | einen mageren | Schinken | einem mageren | Schinken |
| ● | ein helles | Brot | ein helles | Brot | einem hellen | Brot |
| ● | eine grüne | Paprika | eine grüne | Paprika | einer grünen | Paprika |
| ● | – helle | Brötchen | – helle | Brötchen | – hellen | Brötchen |
| *auch so:* kein- / mein- ..., aber: ! Plural: keine/meine hellen Brötchen | | | | | | |

| Adjektivdeklination: definiter Artikel L05 | | | | | | |
|---|---|---|---|---|---|---|
| | **Nominativ**<br>Mir gefällt / gefallen ... | | **Akkusativ**<br>Ich finde ... am besten. | | **Dativ**<br>mit ... | |
| ● | der berühmte | Dom | den alten | Dom | dem netten | Reiseführer |
| ● | das bunte | Fenster | das bunte | Fenster | dem bunten | Fenster |
| ● | die neue | Kamera | die neue | Kamera | der neuen | Kamera |
| ● | die netten | Leute | die netten | Leute | den netten | Leuten |

| Adjektivdeklination nach Nullartikel L09 | | | | | | |
|---|---|---|---|---|---|---|
| | **Nominativ** | | **Akkusativ** | | **Dativ** | |
| ● | guter | Lohn | guten | Lohn | gutem | Lohn |
| ● | großes | Lager | großes | Lager | großem | Lager |
| ● | flexible | Arbeitszeit | flexible | Arbeitszeit | flexibler | Arbeitszeit |
| ● | kleine | Büros | kleine | Büros | kleinen | Büros |

## Adverbien

| temporale Adverbien L07 |
|---|
| abends = jeden Abend |
| *auch so:* nachts, morgens ... / montags dienstags ... |

## Wortbildung

| Wortbildung: Verb → Nomen L03 | | |
|---|---|---|
| **Verb + -er** | → | **Nomen** |
| wander-n + -er | → | der Wanderer |
| *auch so:* vermieten, mieten, fahren, surfen ... | | |
| **Verb + -ung** | → | **Nomen** |
| erfahr-en + -ung | → | die Erfahrung |
| *auch so:* ordnen, erholen, entspannen, anstrengen, ausrüsten, übernachten, wandern, anmelden, beraten ... | | |

# LÖSUNGSSCHLÜSSEL TESTS

## Lektion 1

1 **b** Neffe **c** Onkel **d** Schwiegermutter

2 **b** erzählt **c** gestritten **d** gezeichnet **e** gespielt

3 **b** gefeiert **c** gegessen **d** gelacht **e** telefoniert **f** hatte **g** verstanden **h** hatte

4 **b** Unsere **c** ihre **d** Ihre

5 **a** Habe ich **b** Also passt **c** Sie war **d** Ich hatte **e** Dann habe **f** Und wisst **g** Später bin

## Lektion 2

1 **b** Kissen **c** Spiegel **d** Souvenir **e** Vorhang **f** Herd **g** Regal **h** Werkzeug

2 **c** stellt **d** den **e** steht **f** dem **g** liegen **h** dem **i** stellt **j** ins

3 **a** eine Lampe auf den Tisch **b** helle Kissen auf das Sofa **c** einen Spiegel an die Wand **d** viele Bücher **e** der Raum zu unordentlich **f** einen Teppich

## Lektion 3

1 **b** Tiere **c** Pflanzen **d** Gruppe **e** wandern **f** aktiv **g** beraten

2 **b** Wanderung **c** Anmeldung **d** Vermieter **e** Erholung

3 **a** überhaupt nicht **b** am liebsten **c** finde die Idee **d** würde gern **e** nehme ich lieber **f** gefällt mir am besten

## Lektion 4

1 **b** Dose **c** Kilo **d** Pfund **e** Packung **f** Knoblauch **g** Liter **h** Birnen **i** Bananen **j** Quark **k** Orangensaft

2 **b** helles **c** rohen **d** fettarme **e** weiche **f** milden **g** leckeren **h** frischen

3 **a** Was darf es sein **b** Ich hätte gern **c** Möchten Sie lieber **d** Wie viel darf es sein **e** Möchten Sie sonst noch **f** Das ist alles

## Lektion 5

1 **b** Ferien **c** Touristen **d** Stadtrundgang **e** Reiseführerin **f** Sehenswürdigkeiten **g** Geld **h** Postkarte

2 **b** bunten **c** rote **d** modernen **e** wunderbaren **f** alte **g** grünen **h** jungen **i** beliebten

3 **a** danach **b** können, auch **c** gefällt, sicher **d** gute Idee **e** wirklich beeindruckend **f** Einverstanden **g** wird bestimmt

## Lektion 6

1 **b** Kunst **c** Veranstaltungen **d** Diskussionen **e** Künstler **f** Eintrittskarte **g** Ermäßigung

2 **b** seit Mittwoch **c** von Januar an **d** von Dienstag bis Sonntag **e** seit Februar 1989 **f** Von Januar an

3 **a** vielleicht mitkommen **b** nicht so gut **c** etwas vorschlagen **d** eine gute Idee **e** hältst du davon **f** treffen wir uns **g** das passt

## Lektion 7

1 **b** hebe **c** abnehmen **d** wiege **e** empfehlen **f** öffnen **g** teilnehmen

2 **b** Von … an **c** Von … bis **d** zwischen **e** seit

3 **b** sollten **c** sollte **d** könnte **e** solltest **f** könntet

4 **a** möchte gern **b** würden Sie uns **c** wie wäre **d** könnte er **e** Sie könnten

## Lektion 8

1 **a** Krankenwagen; Notaufnahme; Notfall **b** Verband; Sprechstunde **c** Verletzung

2 **b** er zu schnell gefahren ist **c** ich Kopfschmerzen habe **d** sie keine Zahnschmerzen mehr hat

3 **b** Herr Bosch ist zu schnell gefahren. Deshalb hatte er einen Unfall. **c** Ich habe Kopfschmerzen. Deshalb kaufe ich Tabletten in der Apotheke. **d** Lina hat keine Zahnschmerzen mehr. Deshalb ist sie glücklich.

4 **a** los **b** Hoffentlich **c** leid **d** Angst **e** Ordnung

## Lektion 9

1 **b** Export, Lager **c** Angestellter, Arbeitszeit **d** Lohn **e** Prozent **f** Betrieb, Erfolg

2 **a** **2** langer **3** internationalen **b** **4** Großes **5** freundlichem **6** interessante **c** **7** helle **8** schönem **d** **9** kleinem **10** netten **11** schönen **e** **12** Alte **13** kaputte **f** **14** Tolles **15** guter

3 **a** möchte so gern **b** ist dir das wichtig **c** wäre das wichtiger **d** ist eine gute Idee **e** das machen wir

## Lektion 10

1 **a** Löffel **b** Kanne **c** Öl, Pfeffer **d** Zucker **e** Rechnung, getrennt

2 **b** die Suppe kalt ist **c** es einen Obstsalat gibt **d** sie Apfelkuchen haben

3 **b** Ich hoffe, dass die Kinder bald ihr Essen bekommen. **c** Ich glaube, dass das Lokal am Montag geschlossen hat. **d** Schade, dass ich keine Milchprodukte essen darf. **e** Schön, dass unser Chef die Rechnung bezahlt hat.

4 **a** **1** Ich möchte bitte **2** Was kann ich Ihnen **3** Ich hätte **b** **4** Verzeihen Sie **5** Das tut mir **6** Ich gebe es

## Lektion 11

1 **b** Mitarbeiterinnen **c** Rucksäcke **d** Schmuck **e** Briefpapier **f** Meinung **g** Artikel

2 **b** Erinnerst du dich an den letzten Urlaub **c** Meine Kinder streiten sich schon wieder **d** Tobias ärgert sich sehr **e** Wie fühlen Sie sich

3 **a** Herzlichen Glückwunsch **b** finde es schön **c** freue ich mich auch **d** für die gute Zusammenarbeit **e** wünschen für die Zukunft **f** viel Erfolg

## Lektion 12

1 **b** genug **c** durchschnittlich **d** Hälfte **e** Prozent

2 **b** beschwere ich mich **c** sie Geburtstag hat **d** Jugendliche zu viel Alkohol trinken **e** hat er schlechte Laune **f** es mager ist

3 **a** ich nicht gedacht **b** wirklich **c** mir nicht klar **d** bei uns **e** ich komisch **f** seiner Heimat

# QUELLENVERZEICHNIS

Cover: © Getty Images/Andreas Kindler
Seite 18: © PantherMedia/Andreas Weber
Seite 19: von oben: © fotolia/Günter Menzl; © fotolia/Andrea Seemann
Seite 20: © fotolia/robepco
Seite 23: Wald © Thinkstock/iStockphoto; Wiese © Thinkstock/Comstock; Pflanze © Thinkstock/iStockphoto; Dorf © iStockphoto/Sergge; Katze © Thinkstock/Ingram Publishing; Hund © Thinkstock/zoonar; Vogel, Frosch, Meer © Thinkstock/iStockphoto; Strand © Thinkstock/Ablestock.com; See © Thinkstock/Stockbyte; Fluss © fotolia/Undine Aust; Ufer © PantherMedia/Brigitte Götz; Landschaft © Thinkstock/iStockphoto; Berg © Thinkstock/Stockbyte; Hügel © Thinkstock/iStockphoto
Seite 26: © fotolia/Jonny
Seite 29: Hintergrund © Thinkstock/iStockphoto
Seite 30: Birne, Banane © Thinkstock/iStockphoto; Marmelade © Thinkstock/Stockbyte; Cola © Thinkstock/Hemera
Seite 35: Thunfisch, Salami, Pfirsich, Eistee, Paprika, Knoblauch, Banane, Birne, Bohnen, Mehl, Bonbon © Thinkstock/iStockphoto; Saft, Marmelade © Thinkstock/Stockbyte; Quark © iStockphoto/katyspichal; Cola © Thinkstock/Hemera
Seite 42: © ddp images/dapd
Seite 47: Notizzettel © Thinkstock/iStockphoto/scol22
Seite 48: von oben: Marmelade © Thinkstock/iStockphoto; Paprika © Thinkstock/Stockbyte
Seite 52: © fotolia/Waldteufel
Seite 53: Hintergrund © PantherMedia/Roland Niederstrath
Seite 59: Basketball © Thinkstock/Comstock/Jupiterimages; Volleyball © Thinkstock/Hemera; Handball © PantherMedia/Carme Balcells; Gewichtheben, Aqua-Fitness, Tischtennis, Rudern © Thinkstock/iStockphoto; Fitnesstraining © Thinkstock/Hemera; Judo © PantherMedia/auremar; Badminton © Thinkstock/Hemera; Yoga © Thinkstock/Stockbyte/George Doyle; Golf © Thinkstock/Stockbyte; Gymnastik © PantherMedia/vgstudio; Eishockey © Thinkstock/Hemera; Walken © PantherMedia/Bernd Leitner
Seite 74: von oben: Tischtennis © Thinkstock/iStockphoto; Badminton © Thinkstock/Hemera
Seite 77: Hintergrund © dpa Picture-Alliance/Felix Hörhager
Seite 83: Geschirr © Thinkstock/Hemera; Glas, Kanne, Salz, Pfeffer, Serviette © Thinkstock/iStockphoto; Tasse, Besteck, Gabel, Löffel, Messer © Thinkstock/Hemera; Teller © Thinkstock/Stockbyte; Essig, Öl © PantherMedia/claire norman; Zucker © fotolia/PRILL Mediendesign
Seite 89: Briefumschlag, Briefpapier © Thinkstock/iStockphoto; Postkarte © Thinkstock/Hemera; Blumenmotiv © iStockphoto/lorenzo104; Notizblock © PantherMedia/wu kailiang; Geschenkpapier © Hueber Verlag/Katharina Kiermeir; Geldbörse, Aktentasche © GEPA – The Fair Trade Company; Handtasche © Christiane Frank, 98631 Römhild/OT Milz – www.nadelspitzen.de; Rucksack © www.pigschick.de
Seite 90: Getreide, Limonade © Thinkstock/iStockphoto; Fisch © fotolia/Olga Patrina; Mineralwasser © Thinkstock/Zoonar; Brot © iStockphoto/SednevaAnna; Tee © fotolia/gtranquillity; Statistik mit Zahlen von Statista – http://de.statista.com/statistik/daten/studie/200166/umfrage/beliebteste-freizeitaktivitaeten-der-deutschen/
Seite 92: © fotolia/Henry Schmitt
Seite 94: Statistik mit Zahlen von der Nestlé Studie 2011 – http://www.nestle.de/Unternehmen/Nestle-Studie/Nestle-Studie-2011/Pages/default.aspx
Seite 95: Obst © fotolia/Andrey Armyagov; Gemüse, Getreide, Limonade © Thinkstock/iStockphoto; Wurst © PantherMedia/Birgit Reitz-Hofmann; Fleisch © fotolia/Jacek Chabraszewski; Fisch © fotolia/Olga Patrina; Mineralwasser © Thinkstock/Zoonar
Seite 96: © PantherMedia/Ron Sumners; Statistik mit Zahlen von Statista – de.statista.com und dem Statistischen Bundesamt – www.destatis.de
Seite 101: Hintergrund © dpa Picture-Alliance/Gero Breloer

Alle Wörterbuchauszüge aus: Hueber Wörterbuch Deutsch als Fremdsprache
Zeichnungen: Michael Mantel, Barum
Alle übrigen Fotos: Florian Bachmeier, Schliersee
Bildredaktion: Iciar Caso, Hueber Verlag, München